Intercultural Communication

跨文化交际

——社会主义核心价值观视角

王丽皓◎编著

黑龙江教育出版社

图书在版编目（CIP）数据

跨文化交际：社会主义核心价值观视角 / 王丽皓编著． -- 哈尔滨：黑龙江教育出版社，2018.4（2021.1重印）
ISBN 978-7-5316-9945-3

Ⅰ．①跨… Ⅱ．①王… Ⅲ．①文化交流—研究 Ⅳ.
①G115

中国版本图书馆CIP数据核字（2018）第080142号

跨文化交际
——社会主义核心价值观视角
Kua Wenhua Jiaoji——Shehui Zhuyi Hexin Jiazhiguan Shijiao

王丽皓 编著

责任编辑	徐永进　胡亮亮	
封面设计	刘乙睿	
责任校对	张铁男	
出版发行	黑龙江教育出版社	
	（哈尔滨市道里区群力第六大道1305号）	
印　　刷	北京一鑫印务有限责任公司	
开　　本	880毫米×1230毫米　1/32	
印　　张	7.5	
字　　数	200千	
版　　次	2018年5月第1版	
印　　次	2021年1月第2次印刷	

书　号	ISBN 978-7-5316-9945-3	定　价	40.00元

黑龙江教育出版社网址：www.hljep.com.cn
如需订购图书，请与我社发行中心联系。联系电话：0451-82533097　82534665
如有印装质量问题，影响阅读，请与我厂联系调换。联系电话：0451-82569074
如发现盗版图书，请向我社举报。举报电话：0451-82533087

前　言

　　习近平同志在十九大报告中指出："社会主义核心价值观是当代中国精神的集中体现，凝结着全体人民共同的价值追求。"2018年3月，十三届全国人大一次会议通过的《中华人民共和国宪法修正案》第24条第2款增加了"国家倡导社会主义核心价值观"这句话。

　　作为一名高校教师，应当以党的十九大和十九届二中、三中全会精神，以及宪法为指导，要以培养担当民族复兴大任的时代新人为着眼点，把社会主义核心价值观融入教学实践和教学科研中，深入挖掘中华优秀传统文化蕴含的思想观念、人文精神、道德规范，结合时代要求和教学课程要求创新教学方法和教学内容，为培育合格的社会主义建设者和接班人，为建设一流大学和一流学科，为实现高等教育内涵式发展，为中华民族的伟大复兴贡献自己的力量。

　　为了解决"如何在课堂上培养学生的社会主义核心价值观"这个问题，笔者选取了哈尔滨工程大学文化素质教育核心课程《跨文化交际》作为研究和实践的对象，探索在文化素质教育的课堂里构建一个培养社会主义核心价值观的课程框架。在党的十九大和十九届二中、三中全会精神，以及宪法的指导下，笔者把探索的成果总结成书，恳请得到同行和专家们的批评指正，从而使这个课程框架更加完善。

　　本研究得到哈尔滨工程大学前副总督学阳昌汉教授的大力支持；本研究是哈尔滨工程大学本科教学改革研究项目（JG2016BYB34）的研究成果。在此向阳昌汉教授和哈尔滨工程大学本科生院表示衷心的感谢！

目 录

第一章　引言和基本概念

第一节　引言

习近平同志内涵丰富、大气磅礴的十九大报告指出："中国特色社会主义建设进入新时代、面临新形势、立足新起点。世界正处于大发展大变革大调整时期，和平与发展仍然是时代主题。世界多极化、经济全球化、社会信息化、文化多样化深入发展，全球治理体系和国际秩序变革加速推进，各国相互联系和依存日益加深，国际力量对比更趋平衡，和平发展大势不可逆转。同时，世界面临的不稳定性不确定性突出，世界经济增长动能不足，贫富分化日益严重，地区热点问题此起彼伏，恐怖主义、网络安全、重大传染性疾病、气候变化等非传统安全威胁持续蔓延，人类面临许多共同挑战。"

习近平同志在报告中还指出："我们生活的世界充满希望，也充满挑战。我们不能因现实复杂而放弃梦想，不能因理想遥远而放弃追求。没有哪个国家能够独自应对人类面临的各种挑战，也没有哪个国家能够退回到自我封闭的孤岛。要推动形成全面开放新格局。开放带来进步，封闭必然落后。中国开放的大门不会关闭，只会越开越大。要以'一带一路'建设为重点，坚持引进来和走出去并重，遵循共商共建共享原则，加强创新能力开放合作，形成陆海内外联动、东西双向互济的开放格局。"

在这样"世界多极化、经济全球化、文化多样化"和"中国开放的大门越开越大"的时代大背景下，中国人会有很多对外交流的机会，我们可能在引进外资时和外国人谈判，也可能在对外投资时和外国人商讨，也可能在国际贸易纠纷中和外国人交涉，也可能出国留学，也可能接受留学生来华读书等等。在这些情况下，如何恰当地进行跨文化交际，如何在跨文化交际中既为中国人在世界各地赢得尊重和声誉，又为世界文明做出贡献，是十分值得探讨的。对于这些问题，笔者认为，习近平同志给出了完美的答案。

习近平同志在十九大报告中呼吁："各国人民同心协力，构建人类命运共同体，建设持久和平、普遍安全、共同繁荣、开放包容、清洁美丽的世界。要相互尊重、平等协商，坚决摒弃冷战思维和强权政治，走对话而不对抗、结伴而不结盟的国与国交往新路。要坚持以对话解决争端、以协商化解分歧。要同舟共济，推动经济全球化朝着更加开放、包容、普惠、平衡、共赢的方向发展。要尊重世界文明多样性，以文明交流超越文明隔阂、文明互鉴超越文明冲突、文明共存超越文明优越。要加强中外人文交流，以我为主、兼收并蓄。推进国际传播能力建设，讲好中国故事，展现真实、立体、全面的中国，提高国家文化软实力。"

讲好中国故事是加强中外交流的基础，如何做到呢？十九大报告指出："文化是一个国家、一个民族的灵魂。文化兴国运兴，文化强民族强。没有高度的文化自信，没有文化的繁荣兴盛，就没有中华民族伟大复兴。要培育和践行社会主义核心价值观。社会主义核心价值观是当代中国精神的集中体现，凝结着全体人民共同的价值追求。"

　　培育和践行社会主义核心价值观的意义正在于此。习近平同志在第十三届全国人民代表大会第一次会议上的讲话指出："我们要以更大的力度、更实的措施加快建设社会主义文化强国，培育和践行社会主义核心价值观，推动中华优秀传统文化创造性转化、创新性发展，让中华文明的影响力、凝聚力、感召力更加充分地展示出来。"

　　遵循习近平同志的报告和讲话精神，本书立足于社会主义核心价值观，在文化自觉和文化自信精神的指导下，探讨儒家文化（第二章），对比中西方文化模式（第三章）、对比中西方思维模式（第四章）、对比中西方语言交际和非语言交际（第五章），构建一个培养跨文化交际能力（第六章）的框架。

　　本书之所以这样编排，是因为"文化自觉能力是跨文化交际的重要能力，也是核心能力"（高永晨，2003），跨文化交际能力（第六章）指的就是文化自觉（各美其美，美人之美，美美与共，天下大同）和文化自信。而文化自觉和文化自信的起始点就是"各美其美"，即首先要对中国文化有深刻和正确的认识与积极的认同，找到中国传统文化与当代价值观的联系，反对全盘西化（正因为如此，本书绝大部分涉及的是中西方跨文化交际），反对民族文化虚无主义（第二章）。在此基础上，对比中国和西方文化模式、思维模式，以及语言交际和非语言交际（第三、四、五章），才能正确认识西方文化（美人之美）。正如费孝通（2003）指出的：各种不同的文化之间既应"各美其美"，还应"美人之美"，而且需要懂得各国、各地区的文化为什么不同，只有抓住了比较研究才能谈得到自觉。

第二节　文化的定义和特点

一、各学科专家关于文化的代表性定义

由于跨文化交际学是一门边缘学科，它的理论受到人类学、心理学、交际学、语言学、文化学、社会学和民族学等学科的影响，因而，对于跨文化交际学中的核心概念——文化，至今仍没有一个统一的定义，对文化的多种定义也显示出多学科的特色。在此，我们力图尽可能列出多个关于文化的定义，从而从多角度全方位地描述"文化"这一概念。

早期的跨文化交际学研究主要受到人类学和心理学的影响，从这两个角度出发的"文化"定义也最多。其中一些认为文化是一系列思想和信念的模式，另一些则强调文化是一系列人类的行为；一些定义关注文化在人类生活中的非物质方面，而另一些则更关注其物质方面。其中，人类学家Edward Tylor于1871年在他的《原始文化》一书中对文化的界定被认为是最早的文化定义："所谓文化和文明乃是包括知识、信仰、艺术、道德、法律、习俗以及包括作为社会成员的个人而获得的其他任何能力、习惯在内的一种综合体。"他的定义涵盖了大多数人类精神层面的创造物。

另一位人类学家Clifford Geertz 的定义也是在该学科早期被广泛接受的一个："（文化）意味着在历史中传播的并体现在符号里的意义模式，它是一个以符号形式表达的固有的概念

体系，人类借助这个概念体系交流、保存和发展他们对于生活的态度和知识"（Geertz, 1973）。这个定义强调了文化是习得的和共享的信念模式，这种思想始终贯穿在人类学家对文化的定义中。举一个较近的例子："（文化）是把人类和其他物种区分开的一系列能力，这种能力对于其适应模式是最根本的；是一切社会生活的习得的和累积的产物；是描述某一社会或社会团体特征的与众不同的思想、行为和价值观的模式"（Winthrop, 1991）。

与以上定义不同，心理学家Geert Hofstede运用计算机术语，采用隐喻的方法定义"文化"这一概念。他把文化比做"大脑中的程序"，是"影响人类群体对其周围环境反应的共同特征的互动集合"（Hofstede, 2001）。显然，心理学家对文化定义的关注集中在个人的大脑，Hofstede对"大脑中的程序"是这样解释的："每个人的大脑中都带有思维、感觉和潜在行动的模式。这些模式是在人的一生中习得的，其中大部分获得于孩童时期，因为人类最容易在孩童时期受到学习和模仿的影响"（Hofstede, 2001）。Hofstede接着花了大量篇幅描述了这些模式是如何通过在社会环境中与其他各种各样的人交往而发展的。这些交往包括家人、邻居、学校、单位及各种团体等。因而，文化就成了一种集体经验，因为生活在同一社会环境中的人共同经历并共享这种经验。

由以上定义可以看出，人类学家和心理学家对文化的定义实际上是殊途同归的，两种定义都强调习得和共享。这种观点也影响到社会学家。他们偏重于关注文化模式中的理解力作用，认为思维和意义的文化模式影响人们的理解过程，继而也影响到人们的行为。其中，Marshall Singer认为："文化是习得的、与群体有关的理解模式——包括语言和非语言态度、价值观、信仰体系、怀疑体系和行为"（Singer，1987）。

另一位社会学家David Brown对文化也有类似的定义："文化是占据特定地理区域的人们共同所有的信念、习惯、生活模式和行为的集合体。他们的文化……对于日常生活提出的各种问题给予答案：例如，吃什么，不吃什么，穿什么衣服，怎样向邻居打招呼，怎样对待敌人，怎样对待工作，怎样玩等等。简而言之，就是在碰到生活中的问题时怎么办。文化帮助我们解释宇宙，说明宇宙的来源，以及由谁来主宰。简言之，文化是群体的多数——假如不是全体的话——所接受的生活的指南"（Brown，1978）。

交际学家Gerry Philipsen 从另一个侧面定义了文化。他认为，文化是历经长时间传承下来并在人与人之间传播的："文化指由社会构成的并在历史中传承的符号、意义、前提和规则的模式"（Philipsen，1992）。

另两位跨文化交际学专家Larry A. Samovar 和Richard E. Porter对文化的定义也同样着眼于代际相传，但是更加细致和完善："文化是一个大的人群在许多代当中通过个人和集体的努力获得的知识、经验、信念、价值、态度、角色、空间关系、宇宙观念的积淀，以及他们获得的物质的东西和所有物。文化表现于语言的模式以及活动和行为的样式，这些模式和样式是人们适应性行动和交际方式的样板，它使得人们得以在处于特定的技术发展阶段、特定的时间、特定的地理环境的社会里生活"（Samovar & Porter，1998）。

文化人类学家A. Kroeber 和Clyde Kluckhohm （1952）列举过近300个文化定义，这么多的定义我们不可能也没有必要一一列举。在这里，我们不妨把Kluckhohm 提出的文化定义作为对文化定义的总结："文化是历史上所创造的生存式样的系统，既包括显型式样又包括隐型式样。它具有为整个群体共享的倾向，或是在一定时期中为群体的特定部分所共享"（转引自庄锡昌，1987）。

二、跨文化交际学专家归纳的文化特点

从以上对文化的定义中，我们可以看出，没有一个定义完美得足以让所有学科的研究者满意。因此，跨文化交际学专家们为了使文化的定义更加明确，归纳出了文化的7种特点。

（1）文化是人类区别于其他物种的独有能力

文化反映着人类社会的方方面面，比如语言的、物质的和心理的等等。语言和文化是密不可分的，人类独有的语言使人们之间能够交流，尤其使有相同文化背景的人更乐于交流；文化中的物质层面为人们提供了在文化中进行活动的环境；文化中的心理层面直接影响到人类的心智活动，即人们的信仰或信念等。以上三点都是人类所独有的，人类只有有了高等的心智活动，才有了知识、经验、信仰和价值观等的思考和积累；只有有了语言，才能把这些心智活动的结果代代相传，或使其互相交流和融合；只有在社会中创造了足够的物质条件，才有了丰富多彩的文化活动，如文学（包括小说和诗歌等）和艺术（包括舞蹈、歌曲、相声、影视作品、戏剧等）。

（2）文化是某一群体所共享的

生活在同一社会环境中的人共同经历并共享某种文化，这种文化给该社会群体提供了其作为正常运行的社会体系的框

架。同时，由于该文化被该社会所有成员共同认可，所以，它可以使得该社会保持一定的稳定性和安全性。

（3）文化是习得的

既然文化是某一社会群体所共享的，该社会成员为了相互融洽相处并传承该文化，必然会无意识或有意识地培养其下一代学习该文化，并且各成员间在互相学习的过程中也会吸纳来自其他社会群体的文化。文化的习得最早是从孩提时代开始，这实际上是一种融入社会的训练。父母、家人、朋友、学校、媒体等都是人们的老师，人们通过接触到的一切人类文化创造的物质，耳濡目染，逐渐结成了人们与自己种族的文化的纽带。随着文化知识和年龄的增长，人们就能自如地像运用本民族语言一样运用自己的价值观去行事做人，这种文化的潜移默化最能在跨文化交际中体现出来。

（4）文化是无所不在的

文化渗透到我们生活的方方面面，大到影响整个民族的价值观、风俗习惯、道德观、语言体系、知识体系、宗教信仰、社会规范，小到影响一个人的思维方式、行为方式、说话方式、表达感情的方式，乃至穿衣方式、走路方式，甚至对食品的好恶。但是，就像鱼游在水中却感受不到水的存在一样，就像人们活着需要呼吸却往往感受不到空气的存在一样，就像人们说着本民族的语言却并没有感受到语法的存在一样，大多数人也感受不到文化的存在。恰恰因为文化无所不在，人们反而认为它是理所当然的了。

（5）文化是动态的

文化并非一成不变。尽管有的文化对变化较为包容，而有的文化对变化较为抵制，但是，随着时代的变迁，随着文化的代代相传，随着科技的发展，随着战争所带来的社会巨变，随着不同文化的不断碰撞，各民族的文化始终在稳定的大前提下不断地变化或融合。

（6）文化是生活的指南

文化对人类生活的指南，就像在人脑这个硬件上装上了文化这个软件，人们的行动必须按照文化程序所发出的指令进行。

（7）文化的大部分是隐型的

文化就像冰山，能露出水面的显型文化只是冰山的一角，这些显型文化就是我们一提起"文化"二字，脑海中立即显现的穿衣方式、饮食习惯、文学和艺术等能看得见、摸得着的东西。而文化的大部分，则像是在水下的冰山，是隐型的，这些看不见也摸不着的文化，包括文化模式和思维方式等，及由这些观念所导致的人类对其同类、对社会、对自然、对宇宙的看法及其导致的各种关系，是文化的实质与核心部分，但是，人们通常不会注意到它们。

为了给进一步的探讨打下基础，在此定义一下文化模式和思维模式是十分必要的。

前文提到文化分为显型文化和隐型文化。其中隐型文化占文化的大部分，也是其实质部分，它是人们在交际中对交际符号解码的基础，Lustig 和Koester（2006）把这部分由某一文化群体共享的看不见的文化部分，称为文化模式，即在相似的情景中能导致人们相似行为的、相对稳定的和共享的价值观。

思维模式，有时被称为世界观，Samovar和Porter（1998）将之定义为一种文化对大自然和宇宙的看法。

第三节　交际和跨文化交际

一、交际的定义和特点

1. 交际的定义

与文化一样，交际的定义也有几百种之多，仅Frank Dance和Carl Larson两人就曾列举过126个"交际"的定义。为方便阐述"跨文化交际"的概念，我们在此把这些定义总结归纳为"交际是一个使用符号的、需要解码的、依赖语境的、互动发展的和整体有序的社会现实，人们在此社会现实中创造共享的意义。"下面，我们把这个定义中的关键词——解释。

（1）交际是使用符号的

所谓"符号"是指代表"意义"的词语或行为。而"意义"，指的是人们想要与他人交流的感知和思想，因此，符号在交际中占首要地位。当我们使用符号进行交际时，我们假定其他人和我们使用同一符号系统。从符号的定义中可以看出，符号分为语言的（包括语言本身、语调、停顿和语言的正式程度等）和非语言的（包括表情、手势、动作、衣着、目光接触、体距、旗语、路标等），对这两种符号的理解都需要丰富的文化知识。

（2）交际是需要解码的

"解码"指的是人们在交际过程中，必须对对方的符号进行解释并分析出其中重要的部分，从而理解对方的意图。从解码的定义可以看出，不同的人对对方符号重要性的判断肯定有所不同，因而对同一符号的解码也一定有所不同。为了进行成功的交际，交际双方必须真正理解对方的意图，即正确地解码。

　　（3）交际是依赖语境的

　　交际发生在语境中，语境是个复杂的概念。Jef Verschueren（1999）把交际语境划分为4个部分：

　　① 交际者，包括周围一切与该交际有关的人。交际者在交际语境中处于中心地位，因为其他的语境成分只有靠交际者的认知激活才能发挥交际功能。

　　② 心理世界，指交际者的认知、情感、性格、意图等心理因素。

　　③ 社交世界，指社交场合、社会环境、社交规范等制约着交际者的文化因素。

　　④ 物理世界，指交际发生时的空间和时间指示，及交际者的体貌特征、姿势和动作等。

　　Verschueren认为，语境不是在交际发生前给定的，而是在交际过程中动态生成的，是主动建构起来的。语境在交际的过程中，随着交际者对其他各种语境成分的调动，及所有的客观外在条件的变化而不断地发展变化。

　　（4）交际是互动发展的

　　既然语境是动态生成的，那么交际也必然是一个以互动为基础的、不断发展的过程，是至少两个交际者参与其中的过程，在这个社会现实中参与其中的各个成分因为互相作用、互相影响、互相依存而不断地变化。同一句话在不同的时间、不同的地点、对不同的交际者说，都有可能产生不同的共享意义。之所以说动态是以互动作为基础的，是因为在交际中，两个或多个交际者是处于平等地位的，我们不能截然分清谁是符号发出者、谁是符号解码者，事实上符号发出和符号解码几乎同时发生在同一个交际者身上，所有的交际者都无时无刻不在根据对方的语言的和非语言的符号判断对方的意图，并决定自己要发出何种符号。

（5）交际是整体有序的

既然交际是互动的，作为交际者的互动双方必然形成一个互相依存的整体系统，在这个不断变化的系统中，人们运用符号进行交际的模式必然是遵循共有规则的有序互动，如果交际是杂乱无章无规则的，则人们的交际目的就不可能实现。正是受文化制约或由文化构成的规则支配着交际。

（6）社会现实和共享意义

人类的交际发生在其社会交往行为中，所以，交际必然像其他社会现象一样，也是一种社会现实。这个社会现实是基于共享意义的。共享意义并非存在于交际之外等着人们在交际中去解码，而是在交际这个社会现实中，人们根据不同的语境，通过发出符号并对其进行解码的互动行为的发展而创造出来的，只有这样，我们才能称该意义为"共享的"。

2. 交际的特点

为了进一步说明交际的定义，Samovar和Porter（1998）总结出了人类的交际具有的7个特点。

（1）人类无法彼此直接交流内心世界

人类无法通过直接的心智交流而共享感情和经验，除非人们进行交际，而交际是以文化为基础的。

（2）人类只能推断

正因为人们无法直接接触到别人的内心世界，人们只能通过各种语言和非语言的符号判断出别人的思想和感情。

（3）人类总是力图定义世界

交际的核心在于，人类出生于一个没有明确意义的世界，因而人类一生都在寻求如何定义这个世界，而交际是其中的一种方式。

（4）交际是内省的

人类有一种独特的能力思考有关自己的过去、现在和未来的事情，并审视自己如何定义这个世界，这种对自我的关注常常发生在交际当中。这种独特的内省能力使我们能同时作为交际的参与者和观察者，在交际的任何时刻我们都能审视、评价和改变我们的交际行为。

（5）大脑是一个开放系统

人类的大脑有一个特点：我们能够学习新知识并且永不停止，我们在交际中做出的反应与我们的基因和我们的大脑从各自的文化中学到的经验有关。在交际中我们还能不断地向对方学习，这种新知识的学习是不受时间和地域限制的，并且有可能改变我们的行为和对世界的看法。

（6）交际行为会产生结果

在交际过程中，每位交际者都会发出语言或非语言的符号，并对对方的符号做出反应。尽管这种反应可能是几分钟后、几天后，甚至是几年后，但无论如何，交际都会产生结果。

（7）人类既相似，又有不同

一方面，人类的身体结构及一些感情都相似，在交际中，人们都创造符号以代表自己的内心世界，并且接收和对交际对象发出的符号作出反应；另一方面，没有两个人是完全相似的，由于文化背景和经历不同，每个人对世界的反应都是不一样的。成功的跨文化交际者互相欣赏其相似点，并且接受其不同点。

二、跨文化交际的定义和要素

1.跨文化交际的定义

由文化和交际的定义可以看出，文化和交际联系密切，互相影响，二者在其互相作用中产生，交际使文化意义得以互相交换，而文化使交际得以继续。简单地说，跨文化交际指来自不同文化背景的人之间的互动，也可以说，"跨文化交际指具有不同符号源系统的人之间的互动"（Klyukanov，2005）。

与此相类似，Samovar和Porter（1998）把跨文化交际定义为"具有不同文化感知和符号系统的人们之间的交际，这种不同足以改变整个交际事件"。

Lustig和Koester（2006）则下了一个较为复杂的定义："跨文化交际发生于具有重大的文化差别的人对于如何满意地交际产生不同的理解和预期的时候。"

无论对跨文化交际如何定义，各个学科的学者都认为它包含以下几种形式：跨各国文化的交际、跨民族文化的交际、跨种族文化的交际，以及跨主流文化群体和共文化群体之间的交际等等。

2.跨文化交际的要素

Samovar和Porter（1998）总结了跨文化交际的4个要素。

（1）知觉

知觉，即个人选择、评价和组织外部刺激的过程。文化知觉以文化模式为基础，不同的文化有不同的取向，比如，集体主义和个体主义。

（2）语言过程

语言过程，即我们如何交谈和思考。人类使用语言符号交流思想，语言是一个大的人类群体使用和理解的一套符号和连接这些符号的规则系统，符号、表示符号的声音，及制约符号和声音，使用的规则因文化而异。

（3）非语言过程

非语言过程，即用行动交际。这些行动表达的意义因文化而异。人类也使用非语言符号交流思想，非语言交际涉及对符号发出者和符号解码者具有潜在信息价值的一切非语言因素，包括行动、空间、时间和沉默等所传递的一切信息。

（4）文化对语境的影响

交际事件的语境受到文化的影响。常见的特定语境有家庭语境、教育语境和商业语境。

第二章　儒家文化

案例导读：儒家文化的使者丁龙

2007年，闻名世界的美国哥伦比亚大学，发起一则寻人启事，他们要寻找的，是一个100多年前的中国人。几乎一夜之间，全世界都开始寻找这个中国人，中央电视台也加入其中。

这不禁令人好奇，这个中国人到底是何方神圣，为何拨动了无数人的心弦，值得全世界大费周折寻找。可是，这个中国人的名字，就如同张三李四般普通，他的身份更是卑微至极，他是一个文盲，还是个一无所有的广东猪仔，可就是这样一个人，竟然能彪炳世界史册，让美国人对他崇拜不已！他，就是丁龙。

1857年，丁龙生在广东，那时中国内忧外患，江山飘摇，内外交困的时局，让许多中国人都不得不逃往海外谋生，或是被贩卖到外国充当劳工，而他便是后者。年仅18岁时，他就被当成"猪仔"被贩卖到了美国，成了一个将军的家仆，这个将军就是美国大名鼎鼎的卡朋蒂埃。

卡朋蒂埃是一个皮匠的儿子，自幼好学上进，他的父亲竭其所能供他读书，他也没有辜负父亲的期望，考上了世界名校哥伦比亚大学，还作为当年优秀毕业生代表发言。以优异成绩从学校毕业后，他去了西部的加利福尼亚州闯荡，那时正是美国西部"淘金热"最盛时期，他也加入到淘金大流中，迅速挖得了人生的第一桶金，后来他创办了加州银行，成为该行总裁。后来的卡朋有多厉害？在他积累大量资产后，他孤身一人在美国的一片处女地上，建造了一座全新的城市，命名为"奥克兰"，自封为市长，后又相继建造了学校、码头、防波堤、船坞等。他拥有中太平洋铁路公司的大量股票，同时又是加州电报公司和欧弗兰电报公司的总裁，建立了第一条连接美国东西岸的电报线路，他还是数个铁路公司的董事会成员，因为他还曾在加利福尼亚州国民自卫队服务，他又在美国被人们尊称为"将军"。

当时美国为进一步开发西部，在加州进行如火如荼的铁路大干线建设，华人劳工是修建太平洋铁路的主力军，而卡朋也因此接触了大量华工，从没去过中国的卡朋蒂埃，从华工身上间接地见识了中华文化的优良品质。于是卡朋雇用了一大批华工，而丁龙就是卡朋所雇用的华工中的一个，他负责为卡朋做饭以及打理日常事务。

卡朋虽然成功，但视财如命，脾气暴躁，一生独居，一不开心，就对仆人又打又骂。有一天卡朋心情不好，喝了很多酒，对仆人破口大骂，还当场说要解雇所有人，包括丁龙。其他仆人早就对卡朋心生不满，趁着这个机会都纷纷离开了。次日清晨，酒醒后的卡朋意识到自己脾气失控所犯的错误，他失去了忠仆，厨房锅灶冷清，他知道自己所将面临的麻烦，他也已经做好了挨饿的准备。但此时出乎卡朋意料的是，丁龙不仅没有离开，还像往常一样，为他端上了美味的早餐，卡朋惊讶地说：你为何不和他们一样离开？丁龙淡泊地说：虽然你确实脾气很坏，但我认为你毕竟是个好人，另外根据孔子的教诲，我也不能这样突然离开你，中国的孔夫子曾说过：受人之托，忠人之事，人要忠心。

这位将军更惊异了，他以为自己的仆人是文化人，说道：孔子是中国几千年前的大圣人，我不知道你还能读中国古书，懂你们中国的圣人之道。没想到丁龙回答说：我不识字，不读书，是我父亲讲给我听的。卡朋又以为他的父亲是个文化人，说道：你虽不读书，但父亲却是一名学者。丁龙又急忙回答：不是，我父亲也不识字，不读书，是我祖父讲给他听的，连我祖父也不识字，不读书，是我曾祖父讲给他听的。再上面，我也不清楚，总之我家都是不读书的种田汉出身。

这位美国将军彻底被震撼了，他没想到丁龙这样没受过教育的中国人，竟有这样一颗纯朴正直的内心、卓越的品格和忠诚的行为。从此主仆二人不离不弃，相处似知己。

丁龙克勤克俭，忠诚伺主，终生未娶。到了晚年，他积攒下来工作获得的每一个银毫子成了一笔令人惊羡的存款。即将退休之时，他向卡朋请辞，主人对这个为自己贡献了大半生的仆人恋恋不舍。为报答和感念丁龙对他的照顾，卡朋说愿了其夙愿，问他临走前还有什么需要帮助？但让卡朋意外的是，丁龙的夙愿，不是申求一笔丰硕的养老金，也不是改善生活，改变地位，而是：请主人出面，把他终生一分一分积攒的血汗钱，全部捐献给美国的哥伦比亚大学，请求这所大学能建立一个汉学系，来研究他的祖国的文化，让美国人能了解中国！

那一年正是中国的苦难年，就是在这一年，清政府被迫签下《辛丑条约》，承诺四亿中国人每人一两白银的巨额赔款，中国人被西方人更是瞧不起，排华声潮一浪高过一浪，而这个卑微的中国仆人，以自己不同凡响的举措，成了这个灰色年份属于中国人的稀有光彩。他怀着一个崇高的愿望，希望美国人能了解中华民族的古老文化和传统，能更多地知道一些中国的人和事。这个善良的中国人相信：理解了中国文化的美国，一定会尊重这个五千年文明伟大的国家。而能让美国人了解中国，最直接最有效的方法，就是在一所美国名校里开办中国的汉学系。

他用一生艰难积攒了1.2万美元，按当时的价值，几乎相当于现在的百万美金。不管是留美还是回国，他都能借此过上富庶的日子，如果主人再助一臂之力，他甚至可以跻身富人阶层和上流社会，但他全然没有为自己的前程去谋划，内心只想着：改变在美华人的命运，让美国人理解并去尊重我们中国人。

卡朋没有再说什么，但内心的感悟和感动非同一般，他对眼前这位中国仆人再次刮目相看，内心怀着一种深深的敬意，他决定尽其所能，去帮助他实现这个伟大的愿望。

然而这个美好而高贵的伟大愿望，却面临着具体实现的重重困难，丁龙这笔钱对于当时的美国中产阶级来说，也是一笔巨款，但是要建一个名校的系科，那仍然是杯水车薪。哥伦比亚大学是美国创办最早和最具人文传统的大学之一，仅出自这所学校师生的诺贝尔奖就有近百个，地位极高，举世无双。要在这所学校首创汉学专业绝非易事，再加上美国当时排华风气盛行，一所美国名牌大学如何能满足一个身份卑微的华人劳工的心愿呢？但他并没有就此气馁，他诚挚地给哥伦比亚大学，写了这样一封信：哥伦比亚大学校长先生：我谨此奉上一万二千美元现金支票，作为对贵校中国学研究基金的捐款。
落款是：丁龙，一个中国人。

　　当时所有美国人都很疑惑这个中国人的所作所为，而只有
最了解他的卡朋，知道他究竟是怎样的一个人。在卡朋心里，
丁龙是孔夫子的信徒，他表里一致、中庸有度，虑事周全、勇
敢且仁慈，是一个令人折服的中国人。

　　之后卡朋也给校长写了封信：五十多年以来，我是从喝威
士忌和抽烟草的账单里，省出一笔钱，这笔钱随此信奉上，我
以诚悦之心情将之献予您，去筹建一个中国语言、文学、宗教
和法律的系，并愿您以丁龙汉学讲座教授为之命名。这个捐赠
是无条件的，唯一的条件是不必提及我的名字，但是我还想保
持今后再追加赠款的权利。

　　可哥伦比亚大学的校长拿到捐赠后，对是否应该接受中国
人的善款忐忑不安，校长写信给卡朋，质询丁龙的身份问题，
这彻底激起了这位正直将军的义愤，卡朋激动地回复道：丁龙
的身份没有任何问题。他不是一个神话，而是真人真事，而且
我可以这样说，在我有幸所遇，出身寒微，但却生性高贵的，
天生绅士性格的人中，如果真有那种天性善良，从不伤害别人
的人，他就是一个。

　　在卡朋将军的助力下，丁龙的夙愿实现了。之后为中国人
在美国名校设立汉学系的消息一传出，就立刻轰动了全美，甚
至传到了大洋彼岸的中国，当时慈禧太后听闻后也深为感动，
并亲自捐赠了五千余册珍贵图书，李鸿章和清朝驻美使臣伍廷
芳等人，亦都有所捐助。

　　之后哥大的校长又跟卡朋提议，汉学讲座教授的荣誉，希

望能用卡朋的名字命名，或者用张学良的名字，毕竟跟他们相比，丁龙无论是地位还是名声，都相差甚远。但卡朋却坚持必须用丁龙的名义，否则他就撤资。

在一番艰苦的努力下，终于，哥伦比亚大学的汉学系建成了，而这个汉学系，就是今天闻名世界的，哥伦比亚大学东亚系。之后从哥伦比亚大学东亚系走出了中国这些赫赫有名的人物：胡适、冯友兰、徐志摩、宋子文、马寅初、陶行知、陈衡哲、潘光旦、闻一多等等，他们在这里都留下过足迹。在这里，有人翻译了《红楼梦》英文版，在这里，保存着张学良的日记，在这里，李宗仁、张国焘，都留下了珍贵的第一手口述实录。可以说民国文学史的璀璨辉煌，都来自于东亚系，如果没有东亚系，民国文学的光辉将会黯淡一半，而这个东亚系的前身就是"丁龙汉学讲座"，是以他的名字来命名的。时至今日，以丁龙的名字命名的汉学讲座，仍然是全球研究中国文化的顶级学术殿堂。

当时汉学系筹建的过程中，哥大事无巨细都向卡朋伸手，卡朋为办汉学系的捐赠，后来一直追加到50万美金，相当于今天的8.3亿人民币。1903年，为建法律学院大楼，哥大校长向他索捐40万美元，而他却拒绝了，因为能够打动他心的，只有汉学系。

受丁龙感动，卡朋之后还为其他大学普及中国文化教育捐助了大量的钱财，如：华人聚居地的加州大学。从此，这个叱咤风云的将军，转型成了慈善家和教育事业的赞助人。在他的余生里，不断地追加给哥大汉学系的经费，并捐献了各种名目的奖学金，他甚至还捐献出自己在纽约的住房。

因为丁龙，他对中国有着极其特别的情感，当时他曾愤怒抨击美国蹂躏华人的暴行，以及国会法案通过迫害华人的不义，他生前还曾多次来到中国广东，并向广州的博济医学堂捐款2.5万美元，博济医学堂成立于1866年，是中国最早设立的西医学府，孙中山曾在此学医和从事革命活动。

因为丁龙，曾经视财如命的他，一生捐款无数，甚至使得自己濒临破产，不得不回到一座小镇居住，但卡朋仍然风尘仆仆，奔走呼号，只为满足中国仆人这个珍贵的愿望，这是一场堪称悲壮的捐赠。

而成就如此大事的丁龙，之后就云逸杳遁了。有人说1906年，丁龙买了一张船票，从美国返回中国后从此就消失了。也有人猜测丁龙还留在纽约，因为在卡朋安度晚年的老家，有人惊奇地找到了那个小镇上，有一条以丁龙命名的"丁龙路"。总之，关于他的一切，人们再也无从得知。这位凡人虽然消失了，但他发出的璀璨光辉却仍在照耀人世。

之后有无数人效仿他，为弘扬中国文化、为中西文明交流的伟业添砖加瓦，曾经就有一位大陆企业家，为丁龙事迹所感，捐款哥伦比亚大学的东亚图书馆，并建立了相关基金。香港著名的宗教慈善机构，万里迢迢捐助《四库全书荟要》，数百卷珍贵的中华文化宝典，用古圣先贤的智慧和哲思，来启迪今日哥大的学子，德泽人类世界和平。百年前的小人物丁龙埋下的种子，在历史的长河中长成了参天大树。

一个地位卑微的仆人，本可以借此扬名立万、光宗耀祖，但他却选择隐姓埋名，淡泊名利，这样的灵魂，这样的视野，这样的精神，放眼整个中国历史，能有几人可与之匹敌？连国学大师钱穆先生也赞誉：他是一位凡人中的圣人。

丁龙这个名字，的确如圣人一般，在美国哥伦比亚大学，无人不知，无人不晓，正如寻人启事中所评价的：丁龙捐出来的是钱，而更重要的是，贡献了他的视野和理想。

读了丁龙的故事，我们不禁要问：儒家文化究竟有何魅力，竟然能让一个虽目不识丁，但经过世代相传、潜移默化、耳濡目染而深谙其道的中国劳工给世人留下如此宝贵的物质和精神财富？下面，我们来一探究竟。

第一节　原始儒家文化

跨文化交际学起源于美国，大部分研究跨文化交际学的学者都是从西方人的角度进行研究。但是，随着跨文化交际学的发展，有专家对此西方中心的研究方法提出了质疑，Michael Bond就是其中的专家之一。

在1987年，Michael Bond决定从跨文化交际学的角度研究中国文化，他的中国文化调查小组请几位中国社会学家每人写出10条他们认为是中国人最根本的价值观念。然后Bond小组去掉其中相互重复的条目，得到33条，再加上Bond小组自己从阅读中国哲学和社会科学著作中得出的7条，总计列出40条中国文化价值观，它们是：孝顺、勤劳、容忍、与他人和谐相处、谦虚、忠诚、礼仪、礼尚往来、仁爱、学识、团结、中庸之道、修养、尊卑有序、正义感、恩威并施、不重竞争、个人稳定性、爱国、诚恳、清高、节俭、毅力、耐心、报恩、文化优越感、廉洁、适应环境、小心谨慎、信用、知耻、有礼貌、安分守己、保守、面子

观、知己之交、清心寡欲、尊重传统、财富观。

Bond小组要求每个调查对象对每条价值观的重要程度打分。调查对象是22个国家和地区的大学生，每一国家和地区100名，男女各半。根据调查对象的打分，经过分析和计算，得出4个维度：融合、儒家动力、人心、道德纪律。他们把这根据中国价值观调查得出的4个维度和另一位跨文化交际学专家Hofstede的从西方文化的角度出发的4个维度进行了对比，发现其中3个与Hofstede的3个维度基本对等，但是，"儒家动力"似乎与任何Hofstede的价值观都不相关，所以，"儒家动力"这一条代表着倾向于东方的价值观。他们发现，儒家动力这一项得分最高的国家经济发展都很快，其中包括亚洲五小龙。这一调查结果使参加调查的专家惊叹于儒家文化的魅力，就像美国将军惊诧于懂得孔孟之道的丁龙的行为一样。

由此可以看出，不论是中国专家还是西方专家，都认为中国儒家思想蕴藏着巨大的能量。要想进行成功的跨文化交际，首先要了解自己的文化，其次是要让来自其他文化的人了解我们的文化。因此，在本书其他章节之前先介绍原始儒家文化是十分必要的。

为什么要介绍"原始儒家文化"，而不是"儒家文化"呢？这一点，孔子研究院院长杨朝明在《人民日报》上发表的文章《弘扬原始儒学的真精神》清楚地阐明了原因：

孔子是伟大的思想家，也是历史上引起巨大争议的思想家。到目前为止，世界上大概还找不出第二个人像孔子这样，在过去两千多年里受到那么多关注。关于孔子及儒家思想的评价，很多看法和观点明显对立。时至今日，模糊认识依然存在。

面对稂莠并生、瑕瑜互见的儒学，我们要"剔除其封建性的糟粕、吸收其民主性的精华"，必须明确上述"文化景观"形成的复杂原因，搞清这种"文化景观"形成的历史过程。

在对待孔子与传统文化的问题上，人们的态度形成明显的两极还是近代以来的事情。近代以来，不少人将中国落后挨打的原因归结为传统文化的腐朽，强化和放大了人们对传统文化负面影响的认识。于是，在20世纪的一个时期内，中国形成了一个"反传统的传统"，似乎中华民族要摆脱苦难就必须摒弃传统文化。近代以来学术上的疑古思潮，对此起到了推波助澜的作用。从思想文化史的角度看，近代疑古思潮是宋代以来疑古思潮的继续，但二者又存在明显不同。后者是为了"卫道"（即"捍卫儒家道统"）而疑古，前者则变成了为摒弃传统而疑古。在"古史辨"运动中，学者们更是由"疑古史"演变到"疑古书"，我国古代文化典籍遭到前所未有的怀疑。

经过最近三十多年的学术研究，尤其是随着地下早期文献资料的面世，我们对相关学术问题看得比以往更清楚了。原来，秦汉以来儒学出现过一个显著变化，即原始儒学（先秦时代的儒学）具有明显的"德性色彩"，而汉代以后的儒学则具有明显的"威权色彩"。原始儒学的代表人物如孔子等强调"正名"，主张"修己安人"和"仁政""德治"；汉代以后的儒学适应封建专制制度的需要，逐渐片面强调君权、父权和夫权，儒学慢慢蜕变，呈现了为后人诟病的"缺乏平等意识和自由理念"等特征，与现代社会显得格格不入。对于这一点，我们如将有关文献相互比较，就能够清晰地看出来。比如，所谓"君君臣臣，父父子子"，孔子讲的是为人君止于仁、为人臣止于敬、为人子止于孝，强调君臣父子各尽其本分，后来才逐渐演变为对君权、父权、夫权的片面强调；所谓"刑不上大夫"，根据《孔子家语》中的记载，孔子所说的意思是一个尊贵的人也应该是一个高尚的人，当官的人犯了死罪贵在自裁，用不着通过用刑来进行惩罚，也是在汉代以后它才成为维护贵族特权的一个依据。

今天，很多学者包括外国学者都承认这一事实：因为有了孔子，中华民族比世界上别的民族更和睦、更和平地共同生活了几千年；当今时代，一个昌盛、和谐的社会，在很大程度上仍然立足于孔子所确立和阐述的很多价值观念。新文化运动的矛头直指孔子，是因为他在封建专制时代受到尊崇，儒学一直是统治学说。这样看来，一些当年对孔子和儒学传统持"保守"立场的人，更多看到了原始儒学的真精神；而一些对孔子和儒学传统持"激进"立场的人，则更多地看到了作为"封建专制灵魂"的那个"偶像的权威"。

回望两千多年来儒学与中国社会的关系，我们可以更好地把握孔子及儒家思想的内涵和价值。儒学与封建专制统治的结合，使之片面强调君权、父权与夫权，"缺乏平等意识和自由理念"，但原始儒学"正名""修己安人"和"仁政""德治"等核心价值观念依然深入人心。我们不应把二者混为一谈，而应更加关注原始儒学，分清"真孔子"和"假孔子"，澄清误解、明辨是非，弘扬原始儒学的真精神。

一、概说

儒家思想在英语里是Confucianism，来自于孔子的英文

Confucius。孔子（公元前551年—公元前479年），子姓，孔氏，名丘，字仲尼，东周时期鲁国陬邑贵族。春秋末期的思想家和教育家，儒家思想的创始人。孔子在世时已被誉为"天纵之圣"，是当时社会上的最博学者之一，被后世尊为孔圣人、至圣先师。

孟子（前372年—前289年），名轲，字子舆。战国时期邹国人，鲁国庆父后裔。中国古代著名思想家、教育家，战国时期儒家代表人物。著有《孟子》一书。孟子继承并发扬了孔子的思想，成为仅次于孔子的一代儒家宗师，有"亚圣"之称，与孔子合称为"孔孟"。

据《史记·孔子世家》记载，孔子的儿子名叫孔鲤，字伯鱼；伯鱼的儿子名叫孔伋，字子思。孔子去世后，儒家分为八派，子思是其中一派。从师承关系来看，子思学于孔子的得意弟子之一曾子，孟子又学于子思；从《中庸》和《孟子》的基本观点来看，也大体上是相同的。所以有"思孟学派"的说法。后代因此而尊称子思为"述圣"。

人们一般用"孔孟之道"指代儒家思想，尤其是原始儒家思想。原始儒家思想的经典著作主要有《论语》（由孔子的弟子及其再传弟子编撰而成）、《孟子》（由孟子及其门人著）、《礼记·中庸》（子思著）等。程子曰："学者当以论语孟子为本。论语孟子既治，则六经可不治而明矣。读书者当观圣人所以作经之意，与圣人所以用心，圣人之所以至于圣人，而吾之所以未至者，所以未得者。句句而求之，昼诵而味之，中夜而思之，平其心，易其气，阙其疑，则圣人之意可见矣。"

　　张岱年、方克立（1994）认为，原始儒家哲学的基本概念是"仁"。"仁"是人之所以为人的根本。故曰"仁者，人也"（《礼记·中庸》）。其实，"仁"就是生命的相互感通，是人、我、群、己之间的普遍联系与相互滋养润泽。"仁"又是主体内在的意识，是自己决定自己的，所以孔子说："为仁由己"（《论语·颜渊》）；"我欲仁，斯人至矣"（《论语·述而》）。内在的仁具有伟大崇高的道德价值。"仁"的具体含义是"爱人"，即是一种博大的同情心。凡是人都有仁性，天生就有恻隐之心，能对别人的痛苦与欢乐产生共鸣。有仁德的人会用爱心去对待人，既自爱，又爱人，既自尊，又尊人。"仁"就是一种宽容忠恕的精神。孔子说"己所不欲，勿施于人。"（《论语·颜渊》）"夫仁者，己欲立而立人，己欲达而达人。"（《论语·雍也》）自己要站得住，同时也使别人站得住；自己要事事行得通，同时也使别人事事行得通。从忠的方面说，就是推己及人、尽己为人；从恕的方面说，就是自己所不喜欢的，绝不强加给别人。儒家的理想，是要把仁爱的精神，由亲人推广到所有的人，推广到宇宙万物。这就是孟子所说的"老吾老以及人之老，幼吾幼以及人之幼"（《孟子·梁惠王上》）；"亲亲而仁民，仁民而爱物"（《孟子·尽心上》）。我们爱自己的亲人，进而爱人类、爱草木鸟兽，爱自然万物。所以仁者把自己和天地万物看成一体。儒家主张通过仁爱之心的推广，把人的精神提扬到超脱寻常的人与我、物与我之分别的"天人合一"之境。

　　这种"天人合一"之境，最早起源于《周易》。《周易》记述天地、阴阳、宇宙、社会和人生规律，被儒家奉为群经之首。《周易》有云 "天行健，君子以自强不息（乾卦）；地势坤，君子以厚德载物（坤卦）"，意思是：人要取法天地的精神，天道的运行是最健康的，人通过顺应这种规律，使自己变得强壮，生生不息，要有坚强的意志和坚忍不拔的精神；大地是滋生万物的载体，以宽广的胸怀和肥沃的土壤养育了世间万物，人也要这样，要有宽容和博大的胸怀。《周易》的 "三才观" 就是：在天地人三才的关系中，人是天地造化的杰作，天生人，地养人。老子也说过："人法地，地法天，天道法，道法自然。"天道运行的规律就是做人的规则，这个天定的做人规则首先就是 "仁"。其次就是 "天人合一"。孔子曾说："逝者如斯夫，不舍昼夜。"（出自《论语·子罕》)，就是激励学生效法自然，珍惜时光，努力进取。朱熹在《论语集注》里点评此话：子在川上曰："逝者如斯夫，不舍昼夜。"天地之化，往者过，来者续，无一息之停，乃道体之本然也。然其可指而易见者，莫如川流。故于此发以示人，欲学者时时省察，而无毫发之间断也。程子曰："此道体也。天运而不已，日往则月来，寒往则暑来，水流而不息，物生而不穷，皆与道为体，运乎昼夜，未尝已也。是以君子法之，自强不息。及其至也，纯亦不已焉。"又曰："自汉以来，儒者皆不识此义。此见圣人之心，纯亦不已也。纯亦不已，乃天德也。有天德，便可语王道，其要只在谨独。"

除了 "仁" 和 "天人合一"，原始儒家还崇尚 "中庸"。《论语·雍也》："子曰：中庸之为德也，其至矣乎！民鲜久矣。"《中庸》发展了孔子的中庸思想，使其作为崇高的美德和判别君子小人的标准。它说："中庸其至矣乎，民鲜能久"。"故君子尊德性而道问学，致广大而尽精微，极高明而道中庸，温故而知新，敦厚以崇礼。"（《礼记·中庸》）这里，"高明"，谓性格高亢明爽。"中庸"，谓不偏叫中，不变叫庸。如果我们想要至德，想要明道，那么作为君子，在自己一生中就必须坚持以上的话。儒家认为，人人都具有这个德性。"仁义礼智，非由外铄我也，我固有之也，弗思耳矣。"（出自《孟子·告子上》）即仁义礼智并不是从外面来教化我们，或是从外面强加给我们的，而是我们本自有之的。孟子还说："居天下之广居，立天下之正位，行天下之大道；得志，与民由之；不得志，独行其道。富贵不能淫，贫贱不能移，威武不能屈，此之谓大丈夫。"（出自《孟子·滕文公下》）意思是：居住在天下最广大的居所里，站立在天下最正大的位置上，行走在天下最广阔的大道上，能实现志向就与民众一起去实现，不能实现志向就独自固守自己的原则，即使自身富贵，但也不做过份的事，不穷奢极欲，为声色所迷；即使自身贫困，但身虽贫而志不贫，不为五斗米折腰，不做不仁不义之事；即使自身勇武，但也只以德服人，而不以武屈人，不滥用武力，这才叫大丈夫。

因此，张岱年、方克立（1994）认为，儒家精神是一种"极高明而道中庸"的精神，意即伟大寓于平凡、理想寓于现实的精神。也就是说，我们要有道德勇气，有强烈的正义感，敢于担当道义，甚至不惜杀身成仁。但在平常的生活中，我们不必做什么惊天动地的事情。在现世伦常的义务中、在某种社会角色和社会位置上，我们每个人都可以非常崇高的生活，忠于职守、辛勤劳作、奋发向上、不苟且、不懈怠。只要我们对生活有高度的觉悟和理解，我们所做的平常事情就会有不平常的意义。

能否成就某种外在的功业，有赖于各种机缘；但只要我们顺着本性内在的禀赋有所发挥创造，我们的内心得到了某种精神的满足，这就实现了我们生活的目的。

儒家认为，人存在的价值，就在于成就道德人格。只要挺立了道德自我，以良知作主宰，我们就能超越世间各种境遇、超越本能欲望、以超越的精神干日常的事业。

二、仁义礼智

孔子把"仁义礼"组成一个系统，仁以爱人为核心，义以尊贤为核心，礼就是对仁和义的具体规定。孟子在仁义礼之外加入"智"，构成四德或四端，"恻隐之心，仁也；羞恶之心，义也；恭敬之心，礼也；是非之心，智也。仁义礼智，非由外铄我也，我固有之也，弗思耳矣。"（《孟子·告子上》）

1.仁

"仁"字就其表面来看是单人旁，旁边是个二，因此从字面来看，一个人是构不成仁的。"仁"体现在两个人的关系之中。孔子作为儒家的至圣先师，开创性的认识了这一点，并将"仁"提至儒家学说的核心地位。对于仁的本质含义，孔子和孟子都有阐述，其本质含义就是"爱人"。孔子讲爱人是说对他人应该同情关心与爱护。最能反映这一点的就是孔子对樊迟问仁的答话。樊迟问"仁。"子曰："爱人。"此外，"仁"所指的是从人二，是指人的一种复数关系，也就是说爱人，指的是爱别人，而不是自爱。

"孔子之仁的理论基础是一种氏族内部的血亲之爱，而血缘关系是维持内部关系稳定的基础。但是孔子所处的时代氏族社会已经基本瓦解。在东周末期，社会结构中不再是单一的家族体系，外族的存在改变了单一的社会结构。这种变化，要求孔子的'仁学'既要肯定血缘之爱，又要将其扩大到血缘之外的异姓，成为以地域而非血缘为范围的人际关系。应该说孔子的'仁'学完成了这一历史使命，即由单一的血缘关系之间的爱，扩大到了非血缘关系的社会之中。"（金景芳，1995）"在古代社会，仁爱思想是正确处理人际关系的准则。它讲求尊重人的价值提倡人与人相爱，这是一种淳朴的人道主义思想，即使是在今天的现实生活中仍具有重要意义。在孔子眼中，他认为人们的一切生活方式都必须符合仁的道德规范的指导。即把'仁'作为一切美德规范的总称，许多具体的美德如：恭、宽、信、敏、惠等美德都是仁的体现。'子张问仁于孔子。孔子曰：能行五者于天下，为仁矣。请益之 曰：恭、宽、信、敏、惠；恭则不侮，宽则得众，信则人任焉，敏则有功，惠则足以使人。'（《论语·阳货》）孔子的学生子张问孔子：什么叫做仁？孔子回答说：能够做到五种德行的人就是仁。子张又问是哪五种德行？孔子说：恭、宽、信、敏、惠、恭敬就会没有后悔的事，宽容就会得到众人的心，承认就会为人所用，思考就会有所成就，而懂得回报就能做一个好人。仁的这五个方面，可以使人的各方面都得到发展。"（吴龙辉，2010）

彭国祥（2014）认为，"智者利仁"（《论语·里仁》）也同样是我国古代的道德规范，指的是智者认识到了仁的好处，并且身体力行的实现这一点就是美德。"仁者必有勇，勇者不必有仁。"《论语·宪问》讲的是勇敢的人不一定称得上仁，而称得上仁的人必定是勇敢者。此外，孔子还将"仁"作为整个社会道德评判的标准。什么样的人称之为君子，什么样的人称为小人。用什么来评价人们的行为来促进社会良好道德风尚的形成。孔子认为总的标准就是"仁"，只有以"仁"为本才知道爱什么恨什么。"惟仁者，能好人能恶人。"而且孔子还认为小人与君子也是以是否具有仁来划分的。"君子而不仁者有矣夫，未有小人而仁者矣。"（《论语·宪问》）

以仁为标准作为道德评价的不是个别的情形，可以说是孔子一生中所奉行的最基本准则。孔子的"仁"就其实质来说就是"忠恕"，所谓忠，就是"己欲立而立人，己欲达而达人。"（《论语·雍也》）意思就是，自己想要有所成就，就要先帮助他人获得成就。所谓恕，就是"己所不欲，勿施于人"。（《论语·颜渊》）意思就是，自己不愿意做的事，也不应该要求别人去做。

孟子在孔子仁学基础之上又发挥出了"仁政"学说。孔子提出"仁者爱人"，而将这种爱人发挥于政治领域，就是仁政。仁政的要求就是统治者能够以仁爱之心来爱护人民，施仁政于民。孟子的仁政思想主要有制民之产和民本思想两个方面。

第一，制民之产。战国时期，国与国兼并以及战争加剧暴露出来了许多社会矛盾。孟子敏锐地察觉到解决这些矛盾的关键在于经济问题，他认识到了经济对道德修养的重要作用，也就是说要保证生存才能实现道德修养的发展。孟子摆脱了之前的思想家们那种空讲道德不谈经济的问题，开创性地提出了"制民之产"的思想。孟子认为只有解决了农民的生产和生活问题，农民生活稳定了才会有一定的道德观念。而"制民之产"就是要农民有固定的财产，而且这种财产是可以生财产的财产，是生产性财产而非消费性财产。"正所谓'民之为道也，有恒产者有恒心，无恒产者无恒心，苟无恒心，放辟邪移，无不为己。'（《孟子·滕文公上》）。意思是，治理国家，就要做到让民众有自己的房产和土地，这样他们才会有恒心，不然民众可能会做一些恶事。这里的恒产包括房屋、牲畜、劳动工具等。而其中最重要的就是土地。孟子认识到了土地在中国社会的重要作用。孟子为中国的儒家思想书写了全新的篇章，实际上就是一部土地战争的历史。"（单纯，2011）

第二，"民为贵"的民本主义思想。孟子作为一个有社会良知的思想家，他看到当时连年战争，土地兼并，民无恒产，流离失所对社会的损害作用。在对待人民的态度上，他关心人民疾苦，要求统治者要为民谋利。"庖有肥肉，厩有肥马，民有饥色，野有饿莩，此率兽而食人也。兽相食，且人恶之；为民父母，行政，不免于率兽而食人，恶在其为民父母也？"（《孟子·梁惠王上》）"孟子从人性善的角度，说看到动物相食，人都不忍心，作为统治者又怎么忍心看到人被饿死这样的事呢。"（杨国荣，2006）孟子注重民生，尤其反对统治阶级的荒淫无度，他认为统治者的享乐是一种个人之乐，是一种建立在民众痛苦之上的乐，而他强调与民同乐。对人民生活加以关心，老百姓生活快乐了，国泰民安了，国君才能感到快乐。孟子将民众是否满意作为评价君主政绩的标准，这一思想是具有时代进步性的，他将孔子的仁爱思想落实到更为现实的领域，实现了儒家思想核心的飞跃。

可以说，孔孟关于儒家思想核心"仁"的表达，为当时社会思想道德和价值观念的树立作出了巨大的贡献，从政治、经济到文化实现了质的飞跃。孔子的"仁爱"思想将人类社会的关系进行了良性的引导，而孟子的"仁政"将君主在人类社会的作用进行了全方位的定义。可以说儒家的"仁"思想对社会的发展起到了一定的推动作用。

2. 义

"义"是儒家处理人际关系的基本原则，孔子"贵仁"，并强调"仁"与"礼"的统一，孟子继承并发展了孔子的"仁"，但是与孔子强调"礼"不同，他更强调"义"，主张"仁""义"并用。

"义，作为一个德目，在《论语》一书中，其出现的次数，仅次于仁，但在孔子言论中，却没有像其它许多德目那样，把仁与义直接联系起来加以论说。然而，通过类比、引用不难看出，仁与义的内在联系不仅十分紧密，而且义在思想上更切近于仁。就以信、勇、恭、宽、礼这些在孔子言论中直接与仁联系的德目来说，孔子认为'信近于义，言可复也。'意思是说，所承诺的事如果符合'义'，那么就可以去兑现。而'勇'之所以发扬的依据和动力则是'义'，'见义不为无勇也。'意思是说，有义的事情不去做，就是不勇敢的。进一步他又说'仁者必有勇，勇者不必有仁'。"（迟成勇，2008）

由此已经可以看出，义是高于勇的范畴，义与仁已经达到十分接近的地步。"《论语》一书中将义的涵义扩大到了哲学、政治、伦理、教育等各个方面。例如，'君子义以为上'、'君子之仕也，行其义也'其实就是告诉我们做人和为官都应该以义为至上法则，做符合义的事情，才能算是君子，才能算是'君子之仁'而非'小人之仕'。这里集中体现了孔子将义作为人立身处世之根本。在《论语》里具有义的美德，与义相联系的往往是君子。孔子用君子之义来说明义这种美德只有君子才具有。例如：'子曰：君子之于天下也，无适也，无莫也，义之与比。'意思就是说，君主对于天下的事，没有什么是应该做的，没有什么是不应该做的，只要是合情合理，符合道义就是好的。再例如，子曰：'君子喻于义，小人喻于利。'（《论语·里仁》）意思就是说，君子看重道义，而小人看重利益。再例如，子路曰：君子尚勇乎？子曰：君子义以为上，君子有勇而无义为乱，小人有勇而无义为盗。意思是，子路问孔子：君子应该崇尚勇敢吗？孔子回答道：在君主位子上的人应该崇尚道义，君主如果只是勇敢而不懂道义就会天下大乱，而小人只是勇敢而不懂道义就是强盗。还有，子路曰：不仕无义。长幼之节，不可废也。君臣之义，如之何其废之？欲洁自身，而乱大伦。君子之仕也，行其义也。此处子路表达了自己的观点说，不做官是不对的，长幼关系不能废除，而君臣之间的关系怎么能不管呢？你原想不玷污自身，却没想到这样的隐居是没有做到君臣关系的道义，君子出来做官是行使道义。"（薛小萍，2009）从孔子及其弟子的言论中，我们可以看出他们对于道义的定义，以及对于君子的界定。这有利于君主对自身的清醒认识，从而更好地治理国家，也利于择选社会中的精英人士为官辅助君主治理国家。更重要的是，人们对于道义的推崇可以使得社会上形成良好的风气，使整个社会形成良好的道德风尚。

孟子继承并发展了孔子的思想，他首创了"人伦"的概念来作为"仁义"之道的思想前提，"人伦出自于'人之有道也，饱食暖衣，逸居而无教，则近于禽兽。圣人有忧之，使契为司徒，教以人伦，父子有亲，君臣有义，夫妇有别，长幼有序，朋友有信。'（《孟子·滕文公上》）从这段话可以看出人伦是人的伦理，即人区别于禽兽的根本，人与动物不同，人具有社会性。在社会生活中会产生父子、君臣、夫妇、长幼、朋友这一系列的人际关系，怎样处理这些人的关系，实际上是人伦的重要内容。孟子最早意识到和谐的社会关系是社会发展的重要前提，只有人际关系和谐了，社会才会发展进步。他提出的'人伦'思想为'义'思想的形成创造了前提条件。"（何亚非，谢树放，2008）

孟子认为人伦的来源是因为人与动物不同，具有恻隐之心、羞恶之心、恭敬之心、是非之心。"恻隐之心，人皆有之；羞恶之心，人皆有之；恭敬之心，人皆有之；是非之心，人皆有之。"（《孟子·告子上》）意思是说，孟子认为同情怜悯的心，人人都有；耻己之不善和憎人之不善的心，人人都有；谦让的心，人人都有；辨别是非的心，人人都有。"恻隐之心，仁之端也；羞恶之心，义之端也；辞让之心，礼之端也；是非之心，智之端也。"（《孟子·公孙丑上》）意思是说，同情怜悯之心，是仁爱的开始；羞耻之心，是义的开始；谦让之心，是礼让的开始；辨别是非之心，是智慧的开始。孟子将义看作是人间之正路，认为人应该走一条符合义的道路。

（方光华，2005）

此外，孟子还提出，义是人所追求的最高价值，甚至比生命还重要。孟子曰："鱼我所欲也，熊掌，亦我所欲也，二者不可得兼，舍鱼而取熊掌者也。生亦我所欲也，义亦我所欲也，二者不可得兼，舍生而取义者也。"这里孟子帮助人们在面对"义"和"利"的抉择时，要选择"义"。他把"义"看做比生命更重要的东西。早期孟子提出的一系列的经济举措，在一定程度上促进了社会经济的进步。但是孟子冷静地意识到，经济进步的同时，人们的思想观念也要跟上步伐。如果人们盲目地追求经济利益，那么社会的经济进步只是昙花一现。重视"义"也是社会发展不可分割的一部分。孟子的"舍生取义"在一定程度上帮助社会良性的发展。（张锡勤，2004）

3.礼

在《论语·八佾》中记载过孔子与学生林放的一段关于"礼"之本的探讨。孔子认为："不学礼，无以立。"意思是不学习礼教，就不能在社会上处身立命。因此，他要求学生必须先学会"礼"，再学习其他的经世之道，以此强调"礼"在当时社会的重要地位。孔子不仅要求学生要学礼，更要"克己复礼"，就是要努力约束自己，使自己达到礼的要求，这样才能达到仁的境地。

孔子对礼学最重要的贡献之一，是从周礼中抽离出仁的本质，以人性原则平衡秩序原则，用亲亲与尊尊的平衡来建构一个理性的礼治社会。当礼本身常常被人们理解为秩序形式时，孔子则努力将礼阐释为人性形式与理性形式的平衡与综合。子曰："道不远人，人之为道而远人，不可以为道。故君子以人治人，改而止。忠恕违道不远，施诸己而不愿，亦勿施于人。在上位，不陵下，在下位，不援上。正己而不求于人，则无怨。上不怨天，下不尤人。"孔子在这里强调了礼、义的内在基础是中庸之道，这里说礼是中庸之道，是因为"礼"制中礼即是践行中道。具体表现为忠恕与正己，以形成上下不怨的人道局面。

孟子继承孔子的思想，进一步从秩序性的礼中抽象出"义"来，从而将礼的基本属性界定为仁与义。孟子曰："亲亲，仁也；敬长，义也。无他，达之天下也。"孟子的意思是说，尊敬父母，就是仁，尊敬兄长就是道义。没有什么特殊的原因。就是因为"仁"、"义"是通行于天下的。孟子把"亲亲"原则与仁道联系起来，把"尊尊"原则与义道原则联系起来，把仁义原则作为普遍的人性原则来看待，从而把礼的本质提升到普遍人性的高度来认识，作为一种普遍的人伦价值，义是通过形式化的礼仪展现出来的。用义来界定礼，就是要通过礼的秩序形式，挖掘与弘扬它内在的人文精神价值。义即是宜，它是对行为合理的道德评价。"义，人路也。"它是社会结构中秩序性得以成长和发展的前提，人之为人的根本。

孟子用仁义准则作为礼义本质的规定，是要承认秩序化的社会规范不会成为人性的对立面，成为非人的怪物或压制人性的社会机器；另一方面，仁义原则反对个人私利的制度化，反对把社会异化成为少数人谋利的工具。仁义是社会秩序的理性基础和本质规定，因为只有建立在仁爱基础上的社会秩序，才具有合理性与合法力，才能持久地维持下去。同时，只有建立在义的基础上，社会和秩序在本质上才能抑制压迫、暴力、谋私等非正义的行为。因而，孔孟实际上用仁义对传统的"礼"进行了重新阐释，把原始的宗教仪式之礼，改造成为社会秩序的一般价值规范。"失礼"与"无礼"是很严厉的道德评价，会引起严重的社会后果。这样，"礼"实际上变成了"仁义"的外部形式，行为不仁（不亲、不敬），办事不宜（不合理或不义）是违反礼义规范的。如此一来，礼就和仁义准则结合在一起，成为一种规范价值与原则。仁、义、礼成为平衡与制约人性之恶的价值准则，也是评价人的行为、甚至国家制度设施的价值准则。礼由远古的自然崇拜仪式，通过儒家的改造变为道德规范或价值准则，由此儒家的"礼"思想作为一种社会行为规范，制约着人们的社会行为，促进设会良好风气的形成。（姚云云，2004）

4.智

"智"在原始儒家道德规范体系中具有举足轻重的地位，是重要的道德规范之一，也是儒家理想人格的重要品格之一。"智"字虽然出现较早，但在西周以前，并不多见。只是到了春秋末期之后，"智"才成为人们普通认可的道德规范。而首先把"智"视为道德规范，道德品质或道德情操来使用的是孔子。在孔子那里，"智"已经是一个明确的道德规范，成为衡量人们行为的一个重要的道德准则，他把"智"与"仁"、"勇"两个道德规范并举，定位为君子之道，即"所谓知者不惑，仁者不忧，勇者不惧。"意思就是说，有知识的人没有疑惑，有仁爱之心的人，没有忧愁，有勇气的人，无所畏惧。"智"通"知"，指的是有智慧的人士和有知识的人，以及有崇高思想道德的人。可以说，"智"是贯穿于"仁"、

"义"、"礼"的又一儒家思想的精华。"子曰：知之为知之，不知为不知，是知也。"意思就是说，知道的事就是知道，不知道的事就是不知道，这才是聪明有智慧的做法。儒家对于"智"的诠释，体现了其对于知识文化的重视，仁者要有一定的知识。这一点对于当时社会的发展进步是有利的，能够激发有识之士对文化知识的学习，形成良好的社会风气，

第二节 儒家文化和社会主义核心价值观

习近平同志在纪念孔子诞辰2565周年国际学术研讨会暨国际儒学联合会第五届会员大会开幕会上的讲话中指出："包括儒家思想在内的中国优秀传统文化中蕴藏着解决当代人类面临的难题的重要启示，比如，关于道法自然、天人合一的思想，关于天下为公、大同世界的思想，关于自强不息、厚德载物的思想，关于以民为本、安民富民乐民的思想，关于为政以德、政者正也的思想，关于苟日新日日新又日新、革故鼎新、与时俱进的思想，关于脚踏实地、实事求是的思想，关于经世致用、知行合一、躬行实践的思想，关于集思广益、博施众利、群策群力的思想，关于仁者爱人、以德立人的思想，关于以诚待人、讲信修睦的思想，关于清廉从政、勤勉奉公的思想，关于俭约自守、力戒奢华的思想，关于中和、泰和、求同存异、和而不同、和谐相处的思想，关于安不忘危、存不忘亡、治不忘乱、居安思危的思想，等等。中国优秀传统文化的丰富哲学思想、人文精神、教化思想、道德理念等，可以为人们认识和改造世界提供有益启迪，可以为治国理政提供有益启示，也可

以为道德建设提供有益启发。对传统文化中适合于调理社会关系和鼓励人们向上向善的内容，我们要结合时代条件加以继承和发扬，赋予其新的含义。"可见儒家文化和社会主义核心价值观关系密切。

一、富强

十九大报告提出"为把我国建设成为富强、民主、文明、和谐、美丽的社会主义现代化强国而奋斗。"习近平同志在第十三届全国人民代表大会第一次会议上的讲话中指出："我们的目标是，到本世纪中叶把我国建成富强民主文明和谐美丽的社会主义现代化强国。"在这里，把富强放在了首位，足以说明其重要性。新时代中国特色社会主义的"富强"既继承了儒家思想的精华，又具有中国共产党的伟大精神。

方铭（2015）总结了儒家关于富强的理念："孔子说：'为政以德，譬如北辰，居其所而众星共之。'又说：'道之以政，齐之以刑，民免而无耻。道之以德，齐之以礼，有耻且格。'（《论语·为政》）儒家认为君主应该以全体民众的幸福和权利为最大利益。也正因此，在孔子与儒家思想体系中，富强不仅是国富兵强，还必须包括'国富民富'、'国强民强'、'民富国强'诸多意义。对于民富，孟子曾对想要治理好邦国的梁惠王说：'五亩之宅，树之以桑，五十者可以衣帛矣。鸡豚狗彘之畜，无失其时，七十者可以食肉矣。百亩之田，勿夺其时，数口之家，可以无饥矣。'《孟子》里讲，让人们通过正常有序的劳作，可以穿上帛、可以吃上肉，这就是民富。丰衣足食、物阜民丰，这实在是非常可贵的幸福，是民富的最基本体现。'谨庠序之教，申之以孝悌之义，颁白者不负戴于道路矣。'在孟子心中，给民众以教化，让大家懂得礼仪规范、仁义道理，这是民富的更高表现。民富的含义有二：需要生活的富足，也就是物质富足，丰衣足食；更需要生命的富足，也就是精神富足，以文化人。富强的目的是为了人民有更多福祉与快乐，这是将国家利益与集体利益以及公民个人利益结合起来，是集体主义的特征之一。"

儒家先贤认为富强也有条件，一个国家或者一个社会的强盛并非完全是用物质衡量，在保证物质的前提下还要有道德上的约束。"《礼记·曲礼上》说：'富贵而知好礼，则不骄不淫；贫贱而知好礼，则志不慑。'《礼记·坊记》载孔子说：'小人贫斯约，富斯骄；约斯盗，骄斯乱。故圣人之制富贵也，使民富不足以骄，贫不至于约，贵不慊于上，故乱益亡。'又孔子说：'贫而好乐，富而好礼，众而以宁者，天下其几矣。'富贵如果没有礼义，这样的富贵不是福，而是祸。"（方铭，2015）由此可以看出，儒家的富强观是建立在其"仁义"观上的，同时，"国富民强"始终将个人与国家与社会紧密联系在一起。

中央党校报刊社教授辛鸣在其文章《国家富强的中国逻辑》中指出："国家富强是中华民族伟大复兴中国梦最基础的内涵。没有国家富强，民族振兴、人民幸福就没有了前提。因此，从'站起来''富起来'的发展阶段开始向'强起来'迈进，是当代中国高度自觉的必然选择。需要强调的是，在这一历史进程中，中国依然要坚持走自己的路，坚持自己的理论与实践逻辑。一个国家、一个民族要想在历史长河中永葆生机、勇立潮头，一定要大踏步跟上时代的步伐。落后于时代，与时代隔绝，不仅不可能'站起来''富起来'，就算曾经站起来、曾经富裕过、甚至强大过，依然会被他者欺侮，会被历史淘汰。近代以来这种屈辱、惨痛的教训，中国永远不会忘记、也永远不能忘记。所以，中国在政治上'站起来'之后迅速进行社会主义改造，集全社会之力建设独立完整的社会主义工业体系，建设'四个现代化'，就是旨在通过现代化让中国在经济社会各个方面也真正'站起来'；进入改革开放新时期后，中国又致力于建设小康社会，同样是希望通过实现富裕走向现代化。党的十八大以来的5年，我国取得的成就是全方位的、开创性的。中国正在朝着全面建成小康社会这一目标前行，中国正向着实现'富起来'这一历史任务的方向阔步前行。数十年来在现代化道路上的不断前行，让中国的现代化建设站上了一个新的起点。在这样的背景下，适时作出重大战略调整与战略部署，开始向第二个百年目标进发，推动实现全面现代化就成为势所必至、理所当然的战略选择。只有这样，中国才可能真正建设成富强民主文明和谐的社会主义现代化国家。世界各国走向现代化是大势所趋，但如何真正走向现代化是需要仔细掂量、认真探索的。人类社会走向现代化的道路是多线式的，现代化不是'西方化'，不能人云亦云，更不能生搬硬套。昔日西方强国通过殖民与掠夺走向现代化的模式已经成为明日黄花，不可能复制也不会重现。现在有一些国家照抄照搬西方模式，结果搞得国家大乱、元气大伤，就算少数国家侥幸得以维持，也沦为了西方强国的附庸、跟班而难有作为。中国在社会主义初级阶段的基本背景下通过现代化实现中华民族伟大复兴中国梦，这是前所未有的伟大实践，中国共产党在中国大地上探寻适合自己的道路和办法，基于中国自己的条件，走中国的现代化道路，有'咬定青山不放松'的战略定力，过去是这样走来的，未来还要坚定不移走下去。当前一些西方发达国家炒作'修昔底德陷阱'，因为在他们的世界观中，强国必然伴随着掠夺与战争，强国的形态就是'强权'与'霸权'。中国坚持和平发展，在合作共赢中走向强大对他们来说实在是难以想象的。其实，这正是中国现代化道路的优越性所在。中国提出构建人类命运共同体，在这一世界图景中，不再是弱肉强食，也不再是赢者通吃，没有中心与边缘之分，没有宗主国与殖民地之别，每个国家、每个民族都可以在'各美其美'的同时'美美与共'，可以在共商共建中实现共赢共享。这一文化价值观念已经充分体现在中国的'一带一路'倡议中，体现在中国参与全球治理提供的中国方案中。从这个意义上讲，中国的现代化不仅为世界繁荣发展做出了贡献，更为世界文明进步做出了贡献。"

习近平同志在第十三届全国人民代表大会第一次会议上的讲话指出："中国共产党第十九次全国代表大会描绘了决胜全面建成小康社会、开启全面建设社会主义现代化国家新征程、实现中华民族伟大复兴的宏伟蓝图。"这意味着近代以来久经磨难的中华民族迎来了从站起来、富起来到强起来的伟大飞跃，迎来了实现中华民族伟大复兴的光明前景。

二、民主

儒家思想"民主"概念的主要观点是"以民为本"。"孔孟所在的春秋战国虽然处于封建社会的过渡期，民主思想尚未萌芽，但是孔孟思想中的民本思想却有民主的内涵，所谓民本思想就是以民为本，统治者要爱民如子，实行仁政。所以孔孟的仁政思想是民本思想的显著体现。孟子主张‘民为贵，社稷次之，君为轻。’（《孟子·尽心下》）被儒家视为千古不易的真理，‘民贵君轻’的思想也彰显了儒者眼中‘民’之重要性，在理论层面最大限度地提高了‘民’的价值地位。在孟子看来，对‘君’而言‘以民为本’就要做到：养民、戒杀、与民偕乐，换句话说就是要做到养民、活民、乐民。”（孟凯，2013）民本思想强调民众的利益、集体的利益，是其集体主义观念在政治方面的体现。

中国共产党历来重视为人民服务，为人民造福。近五年，我国经济年均增长7.1%，国内生产总值从54万亿元增长到80万亿元，稳居世界第二，对世界经济增长贡献率超过30%。近五年，经济结构出现重大变革，经济体制改革持续推进，对外开放深入发展，人民获得感、幸福感明显增强，生态环境状况明显好转，我国经济发展取得历史性成就、发生历史性变革，迈进了新时代。

儒家思想“民主”概念的另一个主要观点是“由民做主”。孟子曰：乐民之乐者，民亦乐其乐；忧民之忧者，民亦忧其忧。这体现出只有君主将民之忧乐放在心上，普通民众才会以德报德。这种思想有点接近“立君为民”，将民众作为邦国本体，有土地、人民后，君主才成其为君主，符合分封制的政治现实。（陈安然，2016）

曹雅欣在《国学与社会主义核心价值观——民主》一文中指出：由民做主在今天和未来更显出重要性。它指的是由人民当家做主，人民自己就是国家的主人。一方面，从社会制度上讲，这是民主制度的体现，人民并不是被国家统治的对象，而是统治国家的主人，政府只是接受人民的委任而管理国家，要按照人民的意志行事，国家权力来源于全体人民。我们国家实行的是社会主义民主集中制，既民主又集中。另一方面，从公民意识和个人素养上来讲，由民做主、民为主人，就要求我们每一个公民都要具有主人翁意识。即天下兴亡，匹夫有责。当我们想要享受"由民做主"的权利时，就要尽到"民为主人"的义务。对于我们每一个公民来讲，道义不需宏大，只要在生活和工作中，担负一份正义、传递正能量，承担一份责任、不忘社会公心，就是我们为国家兴盛而尽己之责的一份主人翁意识。今天我们还要注意：由民做主的民，是全体人民，当我们高喊民主的时候，是要把大众利益作为服务对象的，而不是把利己主义就认作是廉价的民主。只以自我利益为根本，而不顾家国社会的广大利益，那只是一种泛滥自由主义，是一种不尽义务、只享权利的自私自利的代名词。

我国的民主制度充分适合我国国情，实行了人民代表大会制、中国共产党领导的多党合作和政治协商制、中国式民族区域自治、城乡基层民主自治，让人民享有了非常广泛的民主。学者高民政认为，"中国式民主就是指由中国人民以遵循多数决定和尊重少数权利为基本价值理念或理论原则，在中国大地上创造的一种既顺应世界政治发展潮流和人类文明进步要求，又符合中国社情民意和体现中国政治文明与中华民族精神，具有中国特色的国家政治制度和生活方式。事实上，民主从来不是只有西方模式，即便是西方模式的民主也并非只有美国一种模式。中国式民主在事实上带来了中国国家的稳定、经济的复兴等等，为什么一定要在对西方民主的迷信中而否定自我的存在呢？因而，作为国家层面的社会主义核心价值观的民主，国家需要培育中国式民主的话语权，尤其是在对外的宣传中。"

2018年3月，十三届全国人大一次会议通过了《中华人民共和国宪法修正案》，这是中国的民主制度在法治中的鲜明体现。对此，新华社发表文章《宪法修改充分发扬民主、凝聚共识力量》：

宪法修改严格依法按程序进行，汇聚全党全国智慧，集中社会各界共识，反映党和人民共同意志。

修改宪法，必须体现人民意志、发挥制度优势，有利于推进国家治理体系和治理能力现代化。从宪法修改工作启动之初，习近平总书记就明确要求，必须贯彻科学立法、民主立法、依法立法的要求，充分发扬民主，广泛凝聚共识。

2017年11月13日，党中央发出征求对修改宪法部分内容意见的通知，请各地区各部门各方面在精心组织讨论、广泛听取意见的基础上提出宪法修改建议。

从中央和国家机关到人民团体，从党员干部到党外人士，各方一同贡献智慧和力量，让宪法更加适应时代需要，回应人民呼声。

博采众议，宪法修改汇聚起全党全国各族人民的智慧和心血——

《中共中央关于修改宪法部分内容的建议》起草和完善期间，习近平总书记多次主持中央政治局常委会会议、中央政治局会议，审议草案稿，为下一阶段工作提出要求、指明方向。

——首轮征求意见，各地区各部门和党外人士共提出2639

条修改意见。

——12月12日，中共中央办公厅发出通知，就党中央修宪建议草案稿下发党内一定范围征求意见。各地区各部门各方面反馈书面报告118份，共提出修改意见230条。

——12月15日，习近平总书记主持召开党外人士座谈会，当面听取各民主党派中央、全国工商联负责人和无党派人士代表的意见和建议。党外人士提交了书面发言稿10份。

座谈会上，习近平总书记强调，宪法是人民的宪法，宪法修改要广察民情、广纳民意、广聚民智，充分体现人民的意志。

政之所兴在顺民心。宪法作为法之统帅、法律之母，其生命力就在于能否成为党和人民意志的集中体现。

集思广益，确保宪法修改得到全党全国各族人民衷心拥护——

一致建议把科学发展观、习近平新时代中国特色社会主义思想写入宪法序言部分；

一致建议把"中国共产党领导是中国特色社会主义最本质的特征"写进宪法《总纲》；

一致建议调整充实中国特色社会主义事业总体布局和第二个百年奋斗目标的内容；

一致建议把加强和完善国家领导体制、修改国家主席任职方面的有关规定、深化国家监察体制改革等内容写进宪法；

……

宪法修改小组举行13次工作班子会议、4次全体会议，对各方面意见和建议汇总梳理、逐一研究。

宪法的根基在于人民发自内心的拥护；宪法的伟力在于人民出自真诚的信仰。

3月11日下午3时许，人民大会堂。

随着宣布表决开始，近三千名全国人大代表手中的笔在选票上郑重落下。

宪法，国家的根本法，又迎来一次完善和升华。

习近平同志在第十三届全国人民代表大会第一次会议上的讲话强调："我们要以更大的力度、更实的措施发展社会主义民主，坚持党的领导、人民当家做主、依法治国有机统一，建设社会主义法治国家，推进国家治理体系和治理能力现代化，巩固和发展最广泛的爱国统一战线，确保人民享有更加广泛、更加充分、更加真实的民主权利，让社会主义民主的优越性更加充分地展示出来。"

三、文明

人类文明在形式上虽有差异，但其核心内容却具有共性。中国是文明古国，中华文明也被认为是人类历史上从未断绝的文明。中华文明从形成之始就表现出了符合人类发展方向的超越性和普世价值，因此能以其强大的生命力影响亚洲和世界。中华民族的主体汉族人的政权常被颠覆，汉族人也常常遭受民族压迫之苦，但以汉族人为主体所创造的中华文明却顽强地存活下来，并成为中华民族反抗压迫、自强不息的精神动力。孔子奠定了强调仁爱、善良、和平、公平、正义的文明价值追求，更是中国人的人格典范。文明之世就是有道的社会。孔子认为，大同正是大道的表现，《礼记·礼运》载：大道之行也，与三代之英，丘未之逮焉，而有志焉。大道之行也，天下为公。选贤与能，讲信修睦。故人不独亲其亲，不独子其子，使老有所终，壮有所用，幼有所长，鳏、寡、孤、独、废、疾者有所养，男有分女有归。货恶其弃于地也，不必藏于己；力恶其不出于身也，不必为己。是故谋闭而不兴，盗窃乱贼而不作，故外户而不闭，是谓大同。在这里，天下为公，选贤举能，讲信修睦，人人相亲，老有所终，壮有所用，幼有所长，鳏、寡、孤、独、废、疾者有所养，领导人不谋私利，无盗窃乱贼，世界大同，这是中华文明的最高期许，也是中国古人的中国梦。中国历史是文明的历史，这就意味着中国人民处在不断追求文明的过程中，我们没有办法确定文明的起点，我们也没有办法确定文明的终点，文明永远没有止境。（方铭，2015）孔子的社会文明讲究的是家庭和睦，社会团结，尊老爱幼，强调的是社会利益、集体利益，是其集体主义在文明观的体现。

　　社会主义文明体现了社会主义制度的本质特征，代表了社会主义条件下广大人民群众的核心价值追求，是人类社会发展迄今为止最先进、最科学的文明形态。培育社会主义核心价值观的文明价值观，一要弘扬中华优秀传统文化，二要丰富人民的精神世界，三要提高国民整体素质，四要培育良好社会风尚，五要塑造良好文明国家形象。（韩振峰，2016）

　　在2018年3月，十三届全国人大一次会议通过的《中华人民共和国宪法修正案》中，把"推动物质文明、政治文明和精神文明协调发展，把我国建设成为富强、民主、文明的社会主义国家"修改为"推动物质文明、政治文明、精神文明、社会文明、生态文明协调发展，把我国建设成为富强民主文明和谐美丽的社会主义现代化强国，实现中华民族伟大复兴。"更加强调了各个方面的文明的协调发展，在实现中华民族伟大复兴过程中的作用。

四、和谐

儒家学说产生于我国封建社会大变革的年代，社会的动荡不安、"礼崩乐坏"和原有社会和谐机制的崩溃，致使和谐与稳定成为儒家学说关注的核心。为寻求新的社会和谐机制的形成，恢复社会秩序由"无道"转向"有道"，儒家学者提出和谐思想。

关于和谐，汪双琴（2006）认为，孔子在前人思想的基础上进一步丰富和发展了"和"的思想，二十篇的《论语》，其中有五篇明确提到了"和"，共有八次。"和"出现的次数虽然不多，但和谐思想却贯穿在《论语》中孔子与其弟子的众多言论之中，从家庭的和谐，人际关系的和谐，最终到整个人与自然的和谐。和谐是孔子所追求的理想的社会状态及最高目标，《论语》中出现频率最高的"仁"及"礼"都是围绕和谐的社会目标而展开论述的。"和"指和谐、恰当、恰到好处。如：有子曰："礼之用，和为责。先王之道，斯为美；小大由之。有所不行，知和而和，不以礼节之，亦不可行也。"（《论语·学而》）杨伯峻把这段话译为：有子说，礼的作用，以遇事都做得恰当为可贵。过去圣明君王治理国家，可宝贵的地方就在这里；他们小事大事都做得恰当。但是，如有行不通的地方，便为恰当而求恰当，不用一定的规矩制度来加以节制，也是不可行的。"先王之道"也是以"和"为"美"。虽然人们对"礼"已经熟知了，但也常常有"不行"的时候，那就是因为没有掌握"和"，可是如果一味追求"和"，为和而和，没有一个原则，没有一个标准，也同样"不行"。这里的"礼"与"和"是相互作用的，"礼"的作用及目标是"和"，而"和"也是维系"礼"的重要手段。"和为贵"是一种永不贬值的价值观，它应该是我们一切言行的出发点。"和"不是抽象的理念，而必须贯彻"以礼节之"，它总是表现为在一定的秩序规范下所建立的和谐、团结、安定、和平的现实社会。

1. 家庭和谐

孔子的主要思想一方面表现为"仁"。从字形字义的角度分析，"仁"是与他人、与自心相关的理念。关于"仁"字《说文解字》中说："仁，亲也。从人，从二"，"古文仁，从千从心"。从字形字义 的角度分析，"仁"是与他人、与自心相关的理念。孔子说，"仁者爱人"，其实现途径是"己欲立而立人，己欲达而达人。"（《论语·雍也》）可见，在"仁"的界定里，爱他人是发自于内心诚敬的人与人之间的关系。孔子所说的"仁"主要指"爱人"，樊迟问仁，孔曰："爱人"（《论语·颜渊》）。而"爱人"体现在论语中则为孝悌，对父母长辈孝敬，对兄弟姐妹友爱是维护家庭和谐的重要因素。

关于"孝"的意蕴，古人释曰："善事父母。"（《说文解字》）韩延明、孙永翠（2012）在解释孔子"孝悌"思想时提到："子曰：'今之孝者，是谓能养，至于犬马，皆能有养，不敬，何以别乎？'在孔子看来，仅仅'供养'父母还不能称之为'孝'，必须要做到'敬养'方可。如果只是满足父母物质上的需求，而做不到对父母恭敬尊重，那与养狗、养马何异？子曰：'色难。有事，弟子服其劳，有酒食，先生馔，曾是以为孝乎？'也就是说，子女在孝敬父母的时候，要保持和悦的态度。遇到事情时能为父母出力，有酒食时能让父母先吃，也算不上真正的孝敬。只有言辞温婉和顺，才能够使父母心情愉悦。只要是子女心中存在真挚的敬爱之情，即使粗茶淡饭，父母也会心满意足。（《论语·为政》）子曰：'父在，观其志。父没，观其行。三年无改于父之道，可谓孝矣。'这句话的意思就是，父亲健在时，要观察他的志向，父亲离世后，观察他的行为。如经过多年都能够坚持父亲教导的为人处事原则，就是做到孝敬了。（《论语·学而》）"

　　"在孔子看来，孝敬父母不仅要'养亲'、'敬亲'，还要提倡'安亲'。所谓'安亲'，就是说子女在父母生时立身行道，不犯刑律，不做冒险的事，不做不义的事，以免父母为自己的过错和安全担惊受怕。'父母在不远游，游必有方'（《论语·里仁》），也是孔子提及的安亲的重要内容。要'养'，要'敬'，要合'礼'，要'隐'和要'几谏'是孔子孝道观的主要体现。侍奉父母要竭尽全力，但'至于犬马，皆能有养。不敬，何以别乎？'做到'敬'还不行，还得让父母安心，父母有了过错，子要为其'隐'，'父为子隐，子为父隐，直在其中矣'，隐了以后，又为了使父'身不陷于不义'还要'几谏'，父母不听，也不能埋怨，'事父母几谏。见志不从，又敬不违，劳而无怨。'父母生前要尽孝，父母死后也要行孝，而且要合于礼。'生，事之以礼；死，葬之以礼，祭之以礼。'当子贡为了节省要减去祭祀用羊时，他说：

'赐也，尔爱其羊，我爱其礼'。"（王之源，2015）

"弟，韦束之次弟（第）也。"引申之，凡有次第皆曰"弟"。兄弟有长有幼，即是次弟。既然有次第，就必须循其次第，所以才叫"弟（悌）"而循其次第，显然是双向的。即既要求幼从长，也要求长护幼。（《说文解字》）《论语·颜渊》中有句名言"四海之内皆兄弟也"，可以看出，这里的"兄弟"已经超越了一奶同胞的血缘关系而上升为宗族和国家范围内同辈人之间的关系，进而推及到了尊敬兄长以及其他地位或辈分长于自己的人。孔子强调对父母长辈的孝顺尊敬是集体主义在家庭的体现。（韩延明，孙永翠，2012）

"人之所不学而能者，其良能也；所不虑而知者，其良知也。孩提之童无不知爱其亲者，及其长也，无不知敬其兄也。亲亲，仁也；敬长，义也；无他，达之天下也。"（《孟子·尽心上》）。意思是说，人不经学习就具备的，是良能；不经思考就知道的，那是良知。年幼的孩子，没有不知道要爱他们父母的；长大后，没有不知道要敬重他们兄长的。爱父母就是仁，敬兄长就是义。这没有别的原因，因这两种人的本性能通行天下。而仁义是一个人乃至一个社会追求和提倡的目标。孟子的"仁义"的观点表现为亲近孝顺自己的父母，就是仁，尊敬自己的兄长，就是义。在家庭结构中，尊老敬长是孟子强调的重点，是维系家庭稳定和谐的重要因素。（王之源，2015）

新时期中国特色社会主义中家庭和谐更强调"家国情怀"。人们常说"家和万事兴""治国先齐家"。和全国人民一样，国家主席习近平有着浓浓的"家国情怀"。他注重家庭、注重家教、注重家风，为大家做出了表率。家庭和睦则社会安定，千家万户都好国家才能好。中华民族自古以来就重视家庭、重视亲情。中华民族传统家庭美德，铭记在中国人的心灵中，融入中国人的血脉中，习近平更是如此。他在一个和睦的家庭里长大。如今，他自己早也是一位父亲，愈加珍视家庭的幸福。在他的办公室里，几张不同年代的温馨家庭生活照，被放置在醒目的位置：他用轮椅推着年事已高的父亲，他牵着母亲的手在散步，他同夫人彭丽媛合影，他骑自行车载着年幼的女儿玩耍……他很孝敬父母。家人为父亲举办88岁寿宴时，当时习近平作为一省之长，公务繁忙，实在难以脱身，于是抱愧给父亲写了一封深情款款的拜寿信。母亲齐心如今也年过90岁高龄，习近平每当有时间陪她一起吃饭后，都会拉着母亲的手散步，陪她聊聊天。他很关爱妻子。妻子彭丽媛作为军旅歌唱家，那时经常要接受任务奔赴外地慰问演出，习近平总是十分牵挂，只要条件允许，无论多晚，他每天都要跟妻子至少通一次电话。过去每逢除夕，彭丽媛总要参加春晚演出，在外地工作的习近平只要回北京过年，就总是边看节目边包饺子，等她演出结束回家后才煮饺子一起吃。他知道，家庭和睦，益于事业。过去，母亲齐心竭尽全力营造一个温馨的家庭环境，使得他父亲习仲勋能够集中精力工作。现在，妻子彭丽媛对习近平也非常关心体贴。早年夫妇俩聚少离多，一有机会团聚，彭丽媛就想法子变花样给他做可口的饭菜。孝敬父母、爱护妻儿，习近平对家庭幸福看得如此之重。在他看来，这不是只关系一家一户的普通小事。"家庭和睦则社会安定，家庭幸福则社会祥和，家庭文明则社会文明。我们要认识到，千家万户都好，国家才能好，民族才能好。"

2. 人际和谐

儒家特别重视"人和"即人际和谐，认为"天时不如地利，地利不如人和"（《孟子·公孙丑下》）。在处理人与人之间关系上，儒家提倡要行"仁"，"仁"是最高的道德准则。李长松、邹顺康（2005）针对儒家人际和谐指出：儒家把"仁爱"看作是人与人之间获得安定、团结、友爱的最高准则；主张从"仁爱"观点出发追求人与人之间关系的和谐发展，并希望以人际和谐为基础，通过"泛爱众"，达到社会和谐。段鹏飞（2009）认为："在人与人之间应该多一些关爱，多一些诚信，做到'老者安之，朋友信之，少者怀之'（《论语·公冶长》）。所谓'爱人'，就是对他人的关爱与尊重，其目的是为了实现人际和谐。'爱人'不仅仅要做到爱自己和爱自己的亲人，还要做到'老吾老以及人之老，幼吾幼以及人之幼'（《孟子·梁惠王上》）。同时所爱之人虽始于亲但不止于亲，而是由亲及众，即'四海之内，皆兄弟也'（《论语·颜渊》）。只有这样，才能收到'爱人者人恒爱之'（《孟子·离娄上》）的回报。有了仁爱之心，就应该推己及人，自觉践行'忠恕'之道。此外，儒家还强调人人要守'信'，因为'人而无信，不知其可也'（《论语·为政》）。只有这样，才能实现'父子有亲，君臣有义，夫妇有别，长幼有序，朋友有信'（《孟子·滕文公上》）的全方位人际和谐关系。从孔孟的和谐思想可以看出，和谐是为了家庭稳定和社会秩序的维护延续，个人自身的和谐是为了与他人的和谐，而与他人的和谐促进了社会的和。始终把个人置于整体之下，体现了集体主义的和谐观，是孔孟集体主义观念在其和谐观的体现。"李长松、邹顺康（2005）指出，"儒家认为，如果全社会的人都能扩充自己的'仁爱'之心，以'仁爱'为己任，在人与人的交往过程中能够将心比心，推己及人地多为他人着想，那么人类社会就会成为一个洋溢着博大之爱的和谐社会。"

在2018年3月，十三届全国人大一次会议通过的《中华人民共和国宪法修正案》中，把"平等、团结、互助的社会主义民族关系已经确立，并将继续加强。"修改为："平等团结互助和谐的社会主义民族关系已经确立，并将继续加强。"更加强调了在新时期中国特色社会主义中，人与人之间、民族与民族之间的和谐关系。

3.人与自然和谐

"天人合一"是儒家和谐思想中的一个重要命题。强调天道与人道、自然与人为的和谐统一，是儒家处理人与自然关系的基本思路。儒家认为，人是自然界中的一部分，存在于天、地之间，与自然节奏息息相关，人不应去征服、改造自然，而应是认识、尊重、利用自然，追求人与自然的和谐统一。孔子说："天何言哉？四时行焉，百物生焉，天何言哉？"肯定了人与自然的统一；孟子提出："尽其心者，知其性也。知其性，则知天矣。"人的心、性与天同出一源；人与自然的依赖关系使儒家认识到，人类应尽物之性，节制欲望。孔子说："断一树，杀一兽，不以其时，非孝也。"孟子说："不违农时，谷不可胜食也；数罟不入洿池，鱼鳖不可胜食也；斧斤以时入山林，材木不可胜用也。"充分表达了儒家使民以时、节制自然资源、维持生态平衡的思想。在强调人与自然和谐的同时，儒家也不否认人的主体能动性，主张把人的主体能动性与对自然规律的尊重结合起来，人既要参与自然的变化，又不破坏毁灭自然，做到"尽人之性"而"与天地参"。"（李长松、邹顺康，2005）

据央视网综合报道，近几年，"绿水青山就是金山银山""APEC蓝""乡愁"等"习式生态词汇"广为人知，这是新时期中国特色社会主义人与自然和谐的体现。"生态兴则文明兴，生态衰则文明衰。"2013年5月24日，习近平在主持中共中央政治局第六次集体学习时指出："生态环境保护是功在当代、利在千秋的事业。"这是对生态与文明关系的鲜明阐释，彰显了中国共产党人对人类文明发展规律、自然规律和经济社会发展规律的深刻认识。习近平同志还强调："要正确处理好经济发展同生态环境保护的关系，绝不以牺牲环境为代价去换取一时的经济增长。"这充分表明了以习近平同志为总书记的党中央加强生态文明建设的坚定意志和坚强决心。2013年11月，习近平在党的十八届三中全会上指出："我们要认识到，山水林田湖是一个生命共同体，人的命脉在田，田的命脉在水，水的命脉在山，山的命脉在土，土的命脉在树。""如果破坏了山、砍光了林，也就破坏了水，山就变成了秃山，水就变成了洪水，泥沙俱下，地就变成了没有养分的不毛之地，水土流失、沟壑纵横。""我们追求人与自然的和谐、经济与社会的和谐，通俗地讲就是要'两座山'：既要金山银山，又要绿水青山，绿水青山就是金山银山。"在习近平心目中，任何以绿水青山去换金山银山的做法，都是不被允许，也不能原谅的。2014年11月10日，习近平在APEC欢迎宴会上致辞时表示，希望北京乃至全中国都能够蓝天常在、青山常在、绿水常在，让孩子们都生活在良好的生态环境之中，这也是中国梦中很重要的内容。"森林是陆地生态的主体，是国家、民族最大的生存资本，是人类生存的根基，关系生存安全、淡水安全、国土安全、物种安全、气候安全和国家外交大局。"在2014年12月25日中央政治局常委会会议上，习近平语重心长地说："必须从中华民族历史发展的高度来看待这个问题，为子孙后代留下美丽家园，让历史的春秋之笔为当代中国人留下正能量的记录。"2015年两会期间，习近平对"两座山论"的内涵又做了进一步阐发："环境就是生命、青山就是美丽、蓝天也是幸福。要像保护眼睛一样保护生态环境，像对待生命一样对待生态环境，把不损害生态环境作为发展的底线。"习近平把生态与生命等量齐观，"生态等到污染了、破坏了再来建设，那就迟了。对于那些破坏生态环境的行为，绝不能手软，不能搞下不为例，要防止形成破窗效应。"

在2018年3月，十三届全国人大一次会议通过的《中华人民共和国宪法修正案》中，把"推动物质文明、政治文明和精神文明协调发展，把我国建设成为富强、民主、文明的社会主义国家"修改为"推动物质文明、政治文明、精神文明、社会文明、生态文明协调发展，把我国建设成为富强民主文明和谐美丽的社会主义现代化强国，实现中华民族伟大复兴。"更加强调了生态文明和美丽中国的人与自然和谐相处的理念。

习近平同志在第十三届全国人民代表大会第一次会议上的讲话再一次对人与自然的和谐进行了强调："我们要以更大的力度、更实的措施推进生态文明建设，加快形成绿色生产方式和生活方式，着力解决突出环境问题，使我们的国家天更蓝、山更绿、水更清、环境更优美，让绿水青山就是金山银山的理念在祖国大地上更加充分地展示出来。"

4. 个人身心和谐

儒家重视人的身心和谐与个体的人格完善，并把它作为实现社会、人、自然三者和谐统一的基本途径。李长松、邹顺康（2005）指出："儒家要求人们首先要妥善处理义与利、精神追求与物质追求的关系。他们一方面肯定物质生活的重要性，认为追求物质利益是人的天性。孔子云：'富与贵，是人之所欲也。'孟子亦云：'人亦孰不欲富贵？''欲贵者，人之同心也。'但儒家在对正当欲望的合理满足加以适当肯定的同时，反对非义之利、唯利是图，反对放纵所欲，片面追求物质利益。在儒家看来，'义'才是安身立命之根本，道德价值高于物质利益，人的精神生活远比物质需要有意义。孔子说：'饭疏食饮水，曲肱而枕之，乐亦在其中矣。不义而富且贵，于我如浮云。'合乎道义的生活，即使是贫贱困苦，也使人感到精神充实、快乐。其次，儒家非常注重人格完善和人生价值追求，主张人们以仁为本，以义为上，淡泊名利，洁身自好，保持一种自得自适的和谐心态。孔子以'仁'、'智'、'勇'、'真'、'善'、'美'为标准，要求人们以理节欲、以义制情，充分发挥存在于人性中的善端和智慧，树立和培养和而不流、中立而不倚的人格主体，以提高生命价值，成就完美人格。"

五、自由

"孔子将其一生加强自我修养、追求自由境界的经历描述为：'吾十有五而志于学，三十而立，四十而不惑，五十而知天命，六十而耳顺，七十而从心所欲不逾矩。'这段名言形象生动地展现了儒家思想追求自由的境界，即志于学、而立、不惑、知天命、耳顺、从心所欲等六个不同层次依次递进的自由境界。'三十而立'只能安身立命，'四十而不惑'意味着已经意识到其本性之'然'，'五十而知天命'即意识到其本性之'所以然'。'知天命'，其实还未觉得真正自由，'耳顺'，则要自由自在多了，直到'从心所欲，不逾矩'，才达到了真正的自由。孔子一生所不懈追求的这种自由并不是随心所欲的。他一方面'克己复礼'，'不逾矩'，加强自我修养，不违反礼仪法规；另一方面'从心所欲'，追求一种率性而为、自然和谐的自由境界。孟子追求的浩然之气，实际上也是一种自由境界。一个人养成浩然之正气，才能张扬自己的生命个性与活力，享受'万物皆备于我，反身而诚'的人生乐趣，并做到'富贵不能淫，贫贱不能移，威武不能屈'，抵御外界的种种诱惑，从而达到一种身心的自由境界。"（史为磊，2013）

"儒家'入世的自由观'思想建立在性善论基础之上，主要体现在孔子的'仁爱'思想和孟子的'仁政'思想中。正因为主张人性本善，所以他们相信人之恶只是受到了环境的影响，尘世的污染，而且坚信只要通过教化，加强自身修养化外在他律为内在自律，就能达到至真至善的境界。所谓'入世'就是抱有一种积极的生活态度，积极地承担和履行自己该尽的义务和责任，不消极不怠慢，从尽责中求自由，以平等善良的心对待他人爱护他人给他人自由。"（胡滨，杨鹿鹿，2015）

"《论语·学而》说：'道千乘之国，敬事而信，节用而爱人，使民以时。'《论语·卫灵公》说：'躬自厚而薄责于人。'又说'君子求诸己，小人求诸人。''节用'就是抑制欲望，'爱人'就是强调统治者与人民的平等，'使民以时'，就是要给人民更大的自由权利。所以，《论语·卫灵公》中孔子赞扬五帝时代的'无为''无为而治者，其舜也与！夫何为哉，恭己正南面而已矣。''无为就是不折腾，限制统治者的作威作福和胡作非为，让人民自由地生活。"（方铭，2015）

徐能毅（2015）认为，社会主义核心价值观中的自由，来源于马克思主义自由理论。马克思主义在创立和发展自己的自由理论时，对西方自由理论的一些纯粹形式性、结构性内容，一些思想理论范畴和逻辑原则等"合理内核"进行了批判性继承，例如自由的法治原则、权利主张原则、民主原则等。正是在批判性继承的基础上，马克思主义自由理论实现了对西方自由理论的全面超越。第一，马克思主义自由理论中的自由是一种集体主义自由。马克思主义自由理论与西方主流自由理论最明显的不同，就是马克思主义的自由是一种立足于集体或共同体的自由，不是个人单个的原子式自由，不是个人主义的自由。这种自由在价值判断上，不仅考虑个人自由，同时考虑个人自由与他人自由的关系，考虑个人自由与个人组成的共同体即国家民族阶级之间的关系。马克思主义这种自由观与马克思对人的根本看法密切相关。马克思认为，世界上没有抽象的人，人的本质在其现实性上，是一切社会关系的总和。既然没有与世隔绝的绝对个人，个人生活在社会中，个人受社会制约，人的自由就不可能是纯粹个人主义式的，只能是一种处在社会关系中的自由，是一种社会自由。正如《共产党宣言》所说的，每个人的自由是一切人自由的条件，没有其他人自由也就很难有自己的自由。但马克思所说的这种集体自由并不是以集体自由压迫牺牲每个人的自由。马克思所论述的集体自由不但不压迫牺牲每个人的自由，恰恰是每个人自由的真正保证和条件，是与每个人的个人自由不相矛盾的自由。一方面，马克思始终着眼于每个人的个人自由，另一方面，马克思明确指出，只有在共同体中，才可能有个人自由。也就是说，马克思主义自由是个人自由与集体自由的高度有机统一。这是我们理解马克思主义自由观需要特别注意的。

第二，马克思主义自由理论中的自由是全体社会成员真正能够享有的人民自由。与马克思主义在理论上强调集体自由相一致，在现实的社会生活中，马克思始终强调人民自由，而不是少数人的自由。马克思在谈到自由问题时，总是强调谁的自由、什么样的自由。在马克思看来，与资本主义只是少数资产阶级的自由不同，社会主义和共产主义应该是工人阶级以及人民大众的真正自由。封建主义社会是地主阶级通过封建强权对人民群众形成奴役，是权对人的奴役，没有人民群众的真正自由；资本主义社会是通过金钱资本对人民群众形成奴役，是物对人的奴役，同样没有人民群众的自由。社会主义和共产主义是一种人民群众彻底摆脱强权奴役、金钱奴役的自由，是人民群众的真正彻底解放。在马克思看来，这种人的解放不是简单的法律条文中抽象地规定一些人的自由的权利，而是有实实在在的经济社会制度作保证。马克思从经济社会结构中看出了决定人的自由的关键性因素。因此，马克思提出了实现人民群众的真正解放就必须实行社会主义制度、最终实现共产主义的科学结论。

第三，马克思主义自由理论中的自由是与经济社会发展水平相联系的渐进自由。马克思主义自由既是一种精神存在，也是一种物质存在，具有客观实在性。也就是说，人的自由状态是一种受人的社会存在状态决定制约的一种人的生存状态，总是与一定的经济社会发展水平相适应的。因为人的权利永远不可能超出经济社会发展的限制。自由永远离不开一定的物质基础和精神条件。只有社会不断进步，人的自由才能不断展开和丰富。

六、平等

1.性别上的平等

"孔子是对男女一视同仁，并且尊重女性的。比如，孔子讲孝道，主张孝敬父母双亲。《论语》中孔子说：'事父母能竭其力'，'父母之年，不可不知也'。由此可知，孔子认为'孝道'不仅仅是孝父，同时也要孝母，对于男女采取平等的态度。"（王志敏，2014）"《礼记·礼运》所载孔子描述的'大同'社会'选贤与能'，'使老有所终，壮有所用，幼有所长，鳏寡孤独废疾者，皆有所养。男有分，女有归'，这是最根本和最彻底的平等观。平等是为了保证弱势群体有尊严地生存，使贤能的人有机会为社会做出更大贡献。"（刘婷，2010）

当前，中国女性的社会地位得以不断提升，根据第三期中国妇女社会地位调查主要数据报告和2015年发布的《中国性别平等与妇女发展》白皮书的相关数据，中国妇女在经济、决策管理、教育、健康等方面都取得了长足的进步，中国共产党以实实在在的成果践行着中国推进性别平等的发展承诺。当前女性群体的能力得到进一步激发，她们有机会参与到社会发展的历史进程中，同时也有责任参与到这一历史进程中。2015年，习近平在全球妇女峰会上指出，这是一个共建共享的世界，"每一位妇女都有人生出彩和梦想成真的机会"，不仅要确保女性群体能够分享社会进步带来的文明成果，还要在激发女性群体责任和能力方面下功夫。在培育和践行社会主义核心价值观的过程中，女性群体不是被动的受惠者和简单的接受者，而是主动的责任主体和积极的参与者，应满怀激情地投入到这一文化运动中。2015年，马云作为"女性赋权全球企业家领袖会议"的联合主席指出："我们需要的不仅是帮助女性，而是做一切我们力所能及的事情让女性来帮助我们。""女性拥有极大潜能"取得了世界性共识，女性群体只有树立责任意识，真正参与到整个社会的价值调整过程中，把自己的经验和知识应用于发展过程，才能扩充培育和践行社会主义核心价值观的思想能力和行动能力的总贮量。（杜敏，2016）

2.追求政治权利平等

孔子所提倡的"均平"观念与"平等"相比，内涵更为丰富、深刻。其中"均平"即"平等"，也即"公平"。《说文解字》曰："公，平分也。"（方铭，2015）

《论语·季氏》载，鲁国执政卿季孙氏准备讨伐颛臾，孔子说："夫颛臾，昔者先王以为东蒙主，且在邦域之中矣，是社稷之臣也。何以伐为？"孔子对季孙氏的真实意图洞若观火，颛臾靠近季孙氏的食邑费，季孙氏意欲消灭它，目的就是为了扩张领土，谋取自己家族的利益。孔子在与学生冉有、子路的对话中系统地阐述了他的"均平"主张，孔子说："丘也闻有国有家者，不患寡而患不均，不患贫而患不安。盖均无贫，和无寡，安无倾。夫如是，故远人不服，则修文德以来之；既来之，则安之。今由与求也，相夫子，远人不服，而不能来也；邦分崩离析，而不能守也，而谋动干戈于邦内。吾恐季孙之忧，不在颛臾，而在萧墙之内也。"孔子的论述既关注了经济权利，也包含了政治权利，而且是与他的"大同"政治思想一脉相承的。《孟子·梁惠王下》载，孟子说齐宣王，有听音乐"与民同乐"、田猎"与民同之"的观念，也是基于人民与君主有平等的权利，君主才能得到人民拥戴。（方铭，2015）

孔子既注重终极的"平等"，同时又把"平等"看作一个动态的过程。《礼记·礼运》指出，小康社会"礼"的本质特征是为了维护"大人世及"的秩序。但是，要从"礼崩乐坏"的乱世走向最终的"大同"世界，必须经过"德治"过程，而在德治的社会中，分别亲疏贵贱的"礼"是实现"大同"的必然路径。《礼记·丧服小记》说："亲亲尊尊长长，男女之有别，人道之大者也。"《礼记·祭统》说："长幼有序。"恢复周礼，目的并不是为了反"平等"，而是通过承认差别，实现"平等"的动态平衡。《礼记·乐记》说："乐合同，礼别异。"因此，孔子在强调"礼"的同时，一定要将之和"乐"联系在一起，并要求"礼"、"乐"必须受"仁"的制约。《论语·泰伯》载孔子说："兴于诗，立于礼，成于乐。"

《论语·八佾》载孔子说："人而不仁，如礼何？人而不仁，如乐何？"如果只强调"礼"的差别而不把"同"看作终点，如果"礼"、"乐"之中不能体现"仁"的核心价值，也就异化了。（方铭，2015）

《论语·颜渊》载齐景公问政于孔子，孔子回答说："君君、臣臣、父父、子子。"《论语·子路》载子路问政，孔子说："先之，劳之。"又回答子路为政当以"正名"始："名不正，则言不顺；言不顺，则事不成；事不成，则礼乐不兴；礼乐不兴，则刑罚不中；刑罚不中，则民无所措手足。""君君、臣臣、父父、子子"，就是各人恪守自己的角色本位，做自己应该做的事情。君仁臣忠，父慈子孝，也就是"正名"，名实相副。而处于优势地位的人应该率先垂范，关心处于弱势地位的人。《论语·颜渊》中孔子教育鲁国执政卿季康子说："政者，正也。子帅以正，孰敢不正？""苟子之不欲，虽赏之不窃。""子欲善而民善矣。君子之德风，小人之德草，草上之风，必偃。"《论语·子路》说："苟正其身矣，于从政乎何有？不能正其身，如正人何？"在孔子的观念中，等级贵贱不是谋取利益分享的份额，而是责任与义务的担当，等级贵贱的设立不是为了不平等，而是为了实现平等。（方铭，2015）

人人平等是中国共产党的一贯主张。政治领域中，主要体现在宪法和法律框架之内的公民的基本权利平等和人格平等。即"中华人民共和国公民在法律面前一律平等"；"中华人民共和国妇女在政治的、经济的、文化的、社会的和家庭的生活等各方面享有同男子平等的权利"；"各民族一律平等"；

"中华人民共和国公民的人格尊严不受侵犯，禁止用任何方法对公民进行侮辱、诽谤和诬告陷害。"我国的各项法律旨在维护广大人民群众的利益，每个公民都依法平等享有权利，人和人之间没有高低贵贱之分，只有社会分工的不同。每个公民都有选举权和被选举权，平等地享有管理国家的权力。公民通过全国人民代表大会和地方各级人民代表大会，参与国家管理，行使国家权力，在城乡社区治理、基层公共事务和公益事业中，依法正常地行使民主权利。（张晖，2015）

3. 追求经济权利平等

作为一个高度关注世俗事务的学派，儒家不可能对经济生活完全无动于衷。孔子有言："丘也闻，不患寡而患不均，不患贫而患不安。盖均无贫，和无寡，安无倾。"（《论语·颜渊》）尽管学术界对于所谓"有国有家者"的解释不同，对于"不患寡而患不均"的解读更是众说纷纭，但是孔子反对贫富过分悬殊的立场是鲜明的，孟子更是尖锐地批评苛政之下："庖有肥肉，厩有肥马，民有饥色，野有饿殍，此率兽而食人也。"（《孟子·梁惠王上》）他的"民本"论要求统治者保证人民的正常生活：五亩之宅树之以桑，五十者可以衣帛矣。鸡豚狗彘之畜无失其时，七十者可以食肉矣。百亩之田勿夺其时，数口之家可以无饥矣。七十者衣帛食肉，黎民不饥不寒。然而不王者，未之有也。（《孟子·梁惠王上》）这就是所谓"养生丧死无憾，王道之始也"（《孟子·梁惠王上》）。从儒家的这种爱民精神出发，他们通常会谴责"富者地连阡陌，贫者无立锥之地"的状况。当然这与农民自发的平均主义倾向即所谓"均贫富"的要求并不相同，与现代经济平等特别是从消灭阶级出发的平等要求，也远非一事。但是，当20世纪中国人面临现代性的挑战：现代自由主义强调平等与自由的冲突，因而只将平等停留在"机会平等"，由此造成巨大的经济不平等时，儒家的这种常识性观点却被用来批评资本主义不平等的现实。（高瑞泉，2009）

中国共产党对人人平等的关注还体现在经济领域里，不仅强调机会平等、规则平等和形式平等，还要注重结果平等、事实平等和实质平等。这是总结我国在社会主义现代化建设实践中正反两方面的经验教训得出的。新中国建立之初，受诸多客观条件的约束，更多强调结果平等。改革开放以来，以经济建设为中心，强调机会平等，坚持效率公平的统一，允许一部分地区、一部分人先富起来，带动和帮助后富，逐步实现共同富裕，这种思路充分调动了投资和生产的积极性，极大地解放了生产力，成就了中国经济三十多年的快速增长，为平等的实现奠定了重要的物质基础。但是，与此同时，也产生并积累了贫富差距拉大等新的社会问题，这不但会影响社会生产效率的进一步提高，还会危及社会的安全与稳定。而且，由于机会平等常常是含混不清的概念，使用中很容易掩盖实质上的不平等，在"机会平等"之下产生"结果不平等"的情况依然存在，诸如历史因素、地理环境等造成的区域经济社会发展不平衡等。因此，要把机会平等与结果平等、形式平等与实质平等有机统一起来。同时，建立起完善的现代市场体系，营造公平有序的市场环境，依法平等地保护各类市场主体和所有制经济主体，保证各种所有制经济依法平等使用生产要素、公平参与市场竞争。积极推进收入分配制度改革，采取税收等再分配手段努力缩小城乡、区域、行业收入分配差距，消除因非法收入而造成的不平等现象，处理好"先富"与"共富"、发展生产力和防止两极分化的关系，在公平与效率之间保持张力，为实现人的自由全面发展奠定可持续的经济基础。（高瑞泉，2009）

习近平同志在十九大报告中，强调了新时期中国特色社会主义社会中人人追求经济平等的保障："新时代我国社会主要矛盾是人民日益增长的美好生活需要和不平衡不充分的发展之间的矛盾，必须坚持以人民为中心的发展思想，不断促进人的全面发展、全体人民共同富裕。"

七、公正

孔子认为，富裕虽然重要，社会公平更为重要，所谓"不患寡而患不均；不患贫而患不安"（《论语·季氏》）。贫富总是相对的，贫富分化严重，社会强弱分明，都会导致社会公平的丧失。（李婉伶，2014）孔子曰："君子喻于义，小人喻于利"，又有"见得思义"，孟子也说过："义，人之正路也"，"义"源自于人作为社会存在和发展的"群"与"分"的需要，人类社会不能没有"义"，也不能不讲"义"，"仁"与"义"其实是一种统一又对立的关系，我们要有仁爱之心，但是同时又是需要"义"的合理性与节制，可见，先秦儒家把"义"看做人的立身之本和基本道德规范。"义"有着适宜、公平正义的含义，这其中透露着为人处世的一个"度"的标准，这与我们今天所提倡的"公正"有着异曲同工之妙。（方铭，2015）

社会主义的思想理论体系必然主张在国家的经济、政治、社会、文化各个领域，在不同的阶层、种族、地区、行业之间，实现公平和正义，这代表了中国共产党所倡导的先进的价值观念和社会目标。

"公正"可以理解为"公平正义"的简称。"公"是"公共、平等"，大家都处于这个社会，我们所有个体的权利甚至包括结果都应该是大体差不多的。正义就是有一个公平的规则，有一个符合公理的规则，有一个大家都能认同、能接受的规则。有社会就有公共的要求，而平等则是公共赖以存在的基础。大家都处于这个社会，我们所有个体的权利甚至包括结果都应该是同样的，或者至少应该是大体差不多的，这才是公平的"平"。在现实生活中，不可能人人都一样，也不可能所有个体的利益都没有差别。差别的产生应当建立在"正义"的基础之上，也就是我比你差一点，是因为我没有你努力，没有你刻苦，我的资质比你差一些，所以我的社会状况比你差一点。这个差一点差在哪儿？差在基本的框架之内。这个框架就叫做公理，即大家都认可的道理。正义就是有一个公平的规则，有一个符合公理的规则，有一个大家都能认同、能接受的规则，在这个规则下产生的一些差别，是可以理解的，也是可以接受的。如果不是在大家都认可的情况下产生的差别，那就不会为大家所接受。

八、法治

有人认为中国自古以来便是"人治"，不重视法治。其实不然，我国自古以来便是礼仪之邦，"礼"在中国古代是指社会的典章制度和道德规范，它是社会政治制度的体现，是用以维护上层建筑以及与之相适应的人与人交往中的礼制。《论语》曰："不学礼，无以立"，孟子更是提出："徒善不足提为政，徒法不能以自行"（《孟子·离娄上》）可见，我们早已认识到，仅仅只有道德约束或是法律制度是不行的，而是需要两者结合起来，在现代，我们依然提倡依法治国与以德治国结合起来。

针对儒家"法治"观念，张志富和陈艳（2006）认为：儒家法文化的"礼法合治"思想主要强调犯罪的综合治理，即将犯罪预防和犯罪控制统一起来。通过发展经济、教化等一系列措施来预防犯罪，使犯罪得到控制；通过对已有犯罪的惩罚来达到预防犯罪的目的。"礼法合治"思想的重要内容——"防患于未然"的法律思想，对我国现代法治建设仍具有巨大的指导意义。

对儒家"法治"的内涵，姚中秋（2016）认为："法律是用来约束和限制国家权力的。当然，不仅仅是约束和限制，也有界定——界定国家的权力，规范国家的权力，约束国家的权力，使之不为掌权者所滥用，使统治者不能运用权力随意地侵害普通民众。""若简单梳理一下儒家认为可用于社会治理的规则的来源，就能明白这一点。重点是理解'礼治'。显而易见，'礼'不是统治阶级颁布的，'礼'是在民众生活中自发地生成的规则。总之，礼不是统治阶级颁布的命令。不是统治阶级颁布的，而又形成了一套规则体系，其实，这是一个优势，优势之一在于，它很难侵害百姓、民众的利益——因为它是自发形成的，它之所以成为一个规则，主要是因为大家都接受它。大家之所以接受它，基本上可以推定是因为它不侵害人们的利益，更多的是达成个体利益之间的协调。'礼'就是规则，'义'则是规则的基础。儒家是高度重视规则的，只不过，它所重视的规则不是（或者不仅仅是）国家权力颁布的规则。儒家给我们提供了更为健全的多元规则合作治理的观念：可以有多种规则同时发挥作用，伦理规则、习惯性规以及国家颁布的规则，可以在不同层次上、不同领域中、以不同方式，综合发挥作用，各种规则分工而合作，相互支持，甚至也可以相互制约。""传统中国社会就是以法治的方式运作的。只要我们深入中国社会的治理脉络中，就能看到，在这个社会中，所有的事情都有规则而且基本上是公道的规则，并且，这套规则得到了有效的实施。至关重要的是，在规则实施过程中，国家权力是审慎的或者是受到约束的，这就是法治。"

习近平同志指出，每个时代都有每个时代的精神，每个民族都有每个民族的价值观念。一个民族、一个国家的核心价值观必须同这个民族、这个国家的历史文化相契合，同这个民族、这个国家的人民正在进行的奋斗相结合，同这个民族、这个国家需要解决的时代问题相适应。新时期中国特色社会主义法治也不例外，它具有以下特点：

第一，理性精神。理性精神在立法中表现为科学立法。马克思曾说过："立法者应该把自己看做一个自然科学家。他不是在创造法律，不是在发明法律，而仅仅是在表述法律，他用有意识的实在法把精神关系的内在规律表现出来。如果一个立法者用自己的臆想来代替事情的本质，那么人们就应该责备他极端任性。"为推动立法理性精神的确立，我国《立法法》第六条规定："立法应当从实际出发，科学合理地规定公民、法人和其他组织的权利与义务、国家机关的权力与责任。"

第二，诚信守法的精神。所谓守法，简而言之，也就是法的遵守。守法精神的深刻底蕴在于接受法律。从更广的范围来看，接受法律不仅仅意味着行为的合法性，更重要的是社会主体在意识上能够对法律予以理解和支持。从狭义上理解，守法是社会主体依照法的规定履行义务的活动。从广义上理解，守法意味着一个国家和社会主体严格依照法律办事的活动和状态。守法的内涵十分丰富，具体应包含如下几方面内容：一是服从法律。这是指一个国家和社会主体履行法律规定的义务或承担法律规定的责任。二是运用法律。这是指一个国家和社会主体根据法律规定行使法定权利，维护或争取正当权益的活动。三是信仰法律。信仰法律是守法精神的最高境界。"信仰法律"，简而言之，是指社会主体发自内心地对法律的敬仰和信守。信仰法律的核心是法律至上。对法律的信仰本质上就是要求生活在法律统治下的民众忠诚和信赖法律，并将法律内化为自己的信念，外化为自己的守法行为。

第三，尊重法律权威的精神。新中国的法律权威地位是与人民民主制度联系在一起的。1982年《中国共产党章程》明确了法律的权威地位，指出"党必须在宪法和法律的范围内活动"。"八二宪法"确立了国家法制统一的原则，强调："国家维护社会主义法制的统一和尊严，一切法律、行政法规和地方性法规都不得同宪法相抵触。一切国家机关和武装力量、各政党和各社会团体、各企业事业组织都必须遵守宪法和法律。一切违反宪法和法律的行为都必须予以追究。任何组织或者个人都不得有超越宪法和法律的特权。"

第四，权利与义务对称的精神。"八二宪法"在《公民基本权利和义务》一章通过平等条款体现了权利义务相对称精神。因之，《宪法》第三十三条第二款规定："中华人民共和国公民在法律面前一律平等。"鉴于所有人在法律上的平等地位，权利义务的享有和履行就是平等的；没有无义务的权利，也没有无权利的义务。《宪法》第三十三条第三款明确规定："任何公民享有宪法和法律规定的权利，同时必须履行宪法和法律规定的义务。"这一宪法原则，鲜明地体现了权利义务相对称的法治精神。（公丕祥，2015）

在2018年3月，十三届全国人大一次会议通过了《中华人民共和国宪法修正案》，对此，人民日报发表社论《为民族复兴提供有力宪法保障》，详细分析了中国特色社会主义法治，以及依法治国和宪法的关系：

九鼎重器，百炼乃成。第十三届全国人民代表大会第一次会议，表决通过了宪法修正案。这是时代大势所趋、事业发展所需、党心民心所向，是推进全面依法治国、推进国家治理体系和治理能力现代化的重大举措，对更好发挥宪法在新时代坚持和发展中国特色社会主义中的重大作用，为实现"两个一百年"奋斗目标和中华民族伟大复兴的中国梦提供有力宪法保障，具有重大现实意义和深远历史意义。

习近平总书记强调，坚持依法治国首先要坚持依宪治国，坚持依法执政首先要坚持依宪执政。从中央政治局决定启动宪法修改工作，到《中共中央关于修改宪法部分内容的建议》在党内外一定范围征求意见；从党的十九届二中全会审议通过《中共中央关于修改宪法部分内容的建议》，到全国人大常委会形成《中华人民共和国宪法修正案（草案）》的议案，提请第十三届全国人民代表大会第一次会议审议并通过，这次宪法修改，始终贯穿科学立法、民主立法、依法立法精神和原则，是我们党领导立法、保证执法、支持司法、带头守法的生动实践，是坚持党的领导、人民当家做主、依法治国有机统一的生动体现。

"法与时转则治，治与世宜则有功。"宪法是治国安邦的总章程，是党和人民意志的集中体现，在我们党治国理政活动中具有十分重要的地位和作用。在保持宪法连续性、稳定性、权威性的基础上，推动宪法与时俱进、完善发展，这是我国法治实践的一条基本规律。从1954年我国第一部宪法诞生至今，我国宪法一直处在探索实践和不断完善过程中。1982年宪法公布施行后，分别进行了5次修改。通过修改，我国宪法在中国特色社会主义伟大实践中紧跟时代步伐，为改革开放和社会主义现代化建设提供了根本法治保障。实践证明，及时把党和人民创造的伟大成就和宝贵经验上升为国家宪法规定，实现党的主张、国家意志、人民意愿的有机统一，是我们党治国理政的一条成功经验。

中国特色社会主义进入新时代，这是我国发展新的历史方位。我国宪法必须随着党领导人民建设中国特色社会主义实践的发展而不断完善发展。确立习近平新时代中国特色社会主义思想在国家政治和社会生活中的指导地位，把"中国共产党领导是中国特色社会主义最本质的特征"写入宪法总纲第一条，完善国家主席任期任职制度，深化国家监察体制改革……这次宪法修改，根据新时代坚持和发展中国特色社会主义的新形势新任务，把党的十九大确定的重大理论观点和重大方针政策载入国家根本法，把党和人民在实践中取得的重大理论创新、实践创新、制度创新成果上升为宪法规定，体现了党和国家事业发展的新成就新经验新要求，必将更好地发挥宪法的规范、引领、推动、保障作用，在法治轨道上更好地坚持和发展中国特色社会主义。

习近平总书记指出，"维护宪法权威，就是维护党和人民共同意志的权威。捍卫宪法尊严，就是捍卫党和人民共同意志的尊严。保证宪法实施，就是保证人民根本利益的实现。"修改宪法是为了更好实施宪法，更好发挥宪法的国家根本法作用。全面贯彻实施宪法，是建设社会主义法治国家的首要任务和基础性工作。我们要以这次宪法修改为契机，把实施宪法摆在新时代全面依法治国的突出位置，采取有力措施加强宪法实施和监督工作，为保证宪法实施提供强有力的政治和制度保障，把依法治国、依宪治国提高到一个新水平。

翻开宪法序言，从站起来、富起来到强起来，中华民族伟大复兴的历程清晰可见。中国特色社会主义的伟大实践，在国家根本法上留下辉煌篇章。踏上新征程、奋进新时代，维护宪法作为国家根本法的权威地位，更好发挥宪法治国安邦总章程的作用，中国特色社会主义道路就一定能越走越宽广，我们就一定能实现中华民族伟大复兴的中国梦。

2018年3月，中共中央印发了《深化党和国家机构改革方案》，组建中央全面依法治国委员会，同样强调了社会主义法治建设。该方案指出，全面依法治国是中国特色社会主义的本质要求和重要保障。为加强党中央对法治中国建设的集中统一领导，健全党领导全面依法治国的制度和工作机制，更好落实全面依法治国基本方略，组建中央全面依法治国委员会，负责全面依法治国的顶层设计、总体布局、统筹协调、整体推进、督促落实，作为党中央决策议事协调机构。

该方案主要职责是，统筹协调全面依法治国工作，坚持依法治国、依法执政、依法行政共同推进，坚持法治国家、法治政府、法治社会一体建设，研究全面依法治国重大事项、重大问题，统筹推进科学立法、严格执法、公正司法、全民守法，协调推进中国特色社会主义法治体系和社会主义法治国家建设等。

九、爱国

方铭（2015）在研究中国传统文化对社会主义核心价值观的影响中提到："爱国即爱自己的祖国，是对自己所生活的国家的人民、文化、习俗的一种依恋和认同的感情，是建立在对自己生活的大大小小的共同体认同的基础上的。《论语·颜渊》说：'四海之内皆兄弟也。'《孟子·滕文公下》说：'苟行王政，四海之内皆举首而望之，欲以为君。'《礼记·乐记》说：'敬四海之内。'又说，'四海之内，合敬同爱矣。'《论语·尧曰》说：'兴灭国，继绝世，举逸民，天下之民归心焉。'这是为了反对为一己之私利而兴兵灭国。《论语·泰伯》说：'三分天下有其二，以服事殷，周之德，其可谓至德也已矣。'孔子赞扬周文王，不仅为了周文王恪守臣道，而是赞扬他不为建立周王朝而兴兵。至商纣王无道已甚，不灭不足以解民于倒悬，武王伐纣，则是诛独夫民贼。《孟子·梁惠王下》说：'贼仁者谓之贼，贼义者谓之残。残贼之人，谓之一夫。闻诛一夫纣矣，未闻弑君也。'周文王不灭商，周武王灭商，之所以都体现了爱国情怀，就在于他们的出发点都是为了人民利益的最大化。《孟子·告子下》说：

'夫苟好善，则四海之内皆将轻千里而来告之以善。'上古圣贤之所以能放眼四海，是与他们胸怀天下苍生的文化情怀联系在一起的。他们以天下为己任，鞠躬尽瘁，死而后已。"

爱国主义是一个历时性概念，不同的时期具有不同的内容；我们今天所言的爱国主要体现为维护祖国统一和领土完整，自觉投身到社会主义现代化建设事业中，为祖国的繁荣昌盛贡献自己的力量。就中国公民而言，爱国也就是爱党，爱社会主义的中国。正如邓小平针对"不爱社会主义不等于不爱国？"的思想所说的："难道爱国是抽象的吗，不爱中国共产党领导的社会主义新中国，爱什么呢？"中国共产党带领我国人民实现了民族独立，三大改造后走上了社会主义道路，经过六十多年的探索和发展，我国取得了举世瞩目的成绩，进入了发展的关键期，能否实现民族的伟大复兴关键还在党，离开党的领导就会一盘散沙，终将一事无成，不承认这点就是否认人民的选择，就会陷入历史虚无主义的泥沼。因此，爱国与爱党、爱社会主义是高度一致的，我们只有团结在党的周围，坚定不移的走中国特色社会主义，坚定制度自信、理论自信、道路自信，万众一心，同舟共济，才能真正全面建设小康社会，实现社会主义现代化，实现人民的幸福安康。（梁庚立、王科，2015）

在2018年3月，十三届全国人大一次会议通过的《中华人民共和国宪法修正案》中，对爱国和社会主义建设事业进行了阐述：《宪法》序言第十自然段中"在长期的革命和建设过程中"修改为"在长期的革命、建设、改革过程中"；"包括全体社会主义劳动者、社会主义事业的建设者、拥护社会主义的爱国者和拥护祖国统一的爱国者的广泛的爱国统一战线"修改为"包括全体社会主义劳动者、社会主义事业的建设者、拥护社会主义的爱国者、拥护祖国统一和致力于中华民族伟大复兴的爱国者的广泛的爱国统一战线"。这一自然段相应修改为："社会主义的建设事业必须依靠工人、农民和知识分子，团结一切可以团结的力量。在长期的革命、建设、改革过程中，已经结成由中国共产党领导的，有各民主党派和各人民团体参加的，包括全体社会主义劳动者、社会主义事业的建设者、拥护社会主义的爱国者、拥护祖国统一和致力于中华民族伟大复兴的爱国者的广泛的爱国统一战线，这个统一战线将继续巩固和发展。中国人民政治协商会议是有广泛代表性的统一战线组织，过去发挥了重要的历史作用，今后在国家政治生活、社会生活和对外友好活动中，在进行社会主义现代化建设、维护国家的统一和团结的斗争中，将进一步发挥它的重要作用。中国共产党领导的多党合作和政治协商制度将长期存在和发展。"

十、敬业

"敬业精神渗透着浓厚的文化内涵，在实际行动中可表现为，积极投入事业，勤奋努力的工作，尽职尽责的服务等理念。在文化价值领域则可以浓缩为儒家文化中所倡导的忠勤、奉献、自强等精神。儒家特别重视敬业精神的提倡和培养，'忠''勤'构成了其敬业精神的核心内容。'忠'指的是对所从事事业的忠诚无私、崇敬热爱。《论语》记载的：'子张问政。子曰：居之无倦，行之以忠。'（《论语·颜渊》）。'勤'所反映的是敬业主体的精神气质，是指对事业的追求始终保持一种积极向上、努力拼搏、坚持不懈、持之以恒的态度，儒家非常注重这方面的倡导，把它看作是事业有成的保证，如孔子的'发愤忘食，乐以忘忧，不知老之将至'（《论语·述而》）。"（刘姝瑶，2010）

每个时代都要认清自身所处的位置，也就是认清需要解决的问题，从而建构能够解决这一问题的道德。当前，建设中国特色社会主义就是我们全体中国人面临的最大课题。而解决这一课题，需要建构一种能起到"凝神聚气"作用的核心价值观。社会主义核心价值观就是时代问题的折射与反映，是这个时代的精神与道德。中国特色社会主义目标的实现需要全体人民的辛勤劳动，需要他们的敬业和奉献。各行各业构成了中国特色社会主义的宏伟蓝图，在各行各业工作和奉献的人们就是实现这一宏伟蓝图的生力军。在2015年庆祝五一国际劳动节的讲话当中，习近平强调，"全面建成小康社会，进而建成富强民主文明和谐的社会主义现代化国家，根本上靠劳动、靠劳动者创造。"劳动是实现两个一百年目标的根基和动力所在。习近平向全国人民发起号召："让劳动光荣、创造伟大成为铿锵的时代强音，让劳动最光荣、劳动最崇高、劳动最伟大、劳动最美丽蔚然成风。"习近平要把"劳动"的力量传达给每一个人，号召每一个人都在他的劳动中凝结起敬业精神和奉献精神，目的就是"于实处用力，从知行合一上下功夫，核心价值观才能内化为人们的精神追求，外化为人们的自觉行动"。劳动就是敬业精神的外化，使敬业精神由一种价值自觉转化为行为自觉。（李丽丽，2015）

十一、诚信

王纳仕（2015）指出："人与人交往最基本的一条原则

就是'信'，这是交友的基础，做到'信'，不仅能得到他人的肯定与认同，同时也能换取他人的坦诚相待。这样人际关系就非常的融洽、和谐，在生活中真正遇到问题时有朋友拔刀相助，问题才能迎刃而解。在《论语·公冶长》中，子路曾问孔子曰：'愿闻子之志。'子曰：'老者安之，朋友信之，少者怀之。'由此可见，孔子很注重个人自身的信德修养，他把能否取信于朋友以及朋友之间的诚信视为人生的志向之一。试想，如果生活在缺乏诚信的社会，人与人最基本的信任都没有，各行其是，整个社会就会陷入一种混沌的状态，无法正常运营，就更不要说社会的发展了。'信'在孔子看来是种很高的道德境界，这种境界不仅仅为了自己取信天下，还为了感化天下之人，通过修身，来平天下。孔子的境界可谓深邃，气魄确实宏大。诚信乃立身之本，丢掉诚信，意味着此人难以在社会上立足。子张曾向孔子咨询'仁'的问题，孔子说：'能行五者于天下，为仁矣。'曰：'恭、宽、信、敏、惠。恭则不侮，宽则得众，信则人任焉，敏则有功，惠则足以使人。''信'成为'仁'的一部分，就仁与信的关系而言，仁是一个更加远大的目标，要达到仁，必须先做到'信'。'信'为仁不可或缺的要素之一。信作为人们的立足之本，讲信用，才能做好各方面的事，进而达到'仁'的境界。"

卢会（2016）认为："《论语》中，孔子及其弟子的对话不仅涉及诚信重要性，还谈到个人如何落实诚信的问题。在孔子的话语体系里，君子是具有良好品德的人，君子与小人是两个相对的概念，'君子怀德，小人怀土；君子怀刑，小人怀惠。'（《论语·里仁》）'君子坦荡荡，小人常戚戚。'

（《论语·述而》）是否讲诚信是君子与小人的道德判断标准之一。'言必信，行必果。'（《论语·子路》）一次孔子的学生子张问关于提高思想道德修养水平的问题，孔子说'主忠信，徙义，崇德也。'（《论语·颜渊》）人们把诚实守信作为为人处世的标准。'人而无信，不知其可也。大车无輗，小车无軏，其何以行之哉？'（《论语·为政》）在这里，孔子把人的信誉比作牛车和马车上的木销，车子没有起关键作用的木销就不能行走，同样，人没有了犹如木销般的信誉在这世界就很难立足。'子以四教：文、行、忠、信。'（《论语·述而》）文献典籍、社会实践、对人忠诚和讲求信用是孔子教育弟子的主要内容。可见，孔子不仅是诚信这一基本道德原则的倡导者，还是传播者和践行者，把诚信作为他教导学生的主要教育内容之一。《论语》中既有诚信思想又有践行诚信思想的实践。孔子说：'善人，吾不得而见之矣；得见有恒者，斯可矣。'（《论语·述而》）每个人应该敢于面对自己的人生，或悲或喜，都要坦然面对，真诚对待自己是诚信的前提。一个人对自己都不坦诚，就不可能做到对他人真诚。"

  诚信不仅是我国古代道德体系的基础和根本价值取向，也是我国当代道德体系的基础和根本价值取向，更成为社会主义核心价值观的道德基石。首先，诚信是社会主义核心价值观的基本要素。诚信价值观属于个人层面的基本价值准则。在当代社会道德规范体系中，诚信作为一个最为重要和基本的道德规范，不仅是对个人的基本道德要求，也是对整个社会的基本道德要求。如今，诚信不再是一种单纯的道德信念，只靠人们的内心自觉来实现，它还是一种规范要求，其原则精神已融入当代法律规范和经济制度之中。其次，诚信是社会主义核心价值观的道德基础。诚信是人类社会的基本道德规范，是市场经济运行的基本道德原则，也是人的自由发展应有的品质，因此，社会主义核心价值观的构建离不开诚信这一道德基石。积极倡导和培育以"诚信"为道德基础的核心价值观，加强以诚信为主要内容的公民道德建设，是全面推动社会主义核心价值观落地生根、开花结果的有效途径。再次，诚信是社会主义核心价值观的基本价值取向。诚信是现代社会普遍适用的基本伦理原则。诚信价值观不仅具有内生外化的结构和效应，而且具有动机与效果相统一、自律与他律相统一、工具理性与价值理性相统一的特性。正是这些特性，使诚信成为普遍的社会伦理原则，对社会和个人都起着规范和引导的作用。（牟岱，刘艳菊，2014）

十二、友善

"孔子主张互相尊重、相互友爱。孔子一方面肯定个人的独立意志、道德人格。孔子说：'三军可夺帅也，匹夫不可夺志也'（《论语·子罕》）；另一方面也十分重视与别人的相亲、相爱、相重。他的学生樊迟问他如何为仁，他说：'居处恭，执事敬，与人忠。虽之夷狄，不可弃也。'就是说，平日谦虚谨慎，工作严肃认真，待人忠心诚意，即使到夷狄之国，也不能抛开这种态度。这是一种多么博爱的思想啊！他还说过：'弟子，入则孝，出则弟，谨而信，泛爱众，而亲仁。'（《论语·子罕》）由此可见。孔子的仁爱是由爱父母到爱兄弟、到爱朋友、到爱众人这样一个思维过程的。这符合伦理型儒家的哲学体系，也容易被众人所接受。这也要求人们在履行道德义务时发扬利他精神。奉行忠恕之道'己欲立而立人，己欲达而达人'（《论语·雍也》）、'己所不欲，勿施于人'（《论语·颜渊》）。"（张庆利，2007）

友善是中国特色社会主义理想社会的重要组成部分。"中国道路""中国模式"越来越引起全世界人民的高度关注，中国特色社会主义事业要走的就是一条开放、和平、合作、共赢、和谐、共富之路，其国内目标就是社会和谐与中国梦的实现。友善是和谐社会建设和实现中国梦的重要目标追求。中国特色社会主义的魅力和优越性不仅体现在物质和制度层面，同时还要有社会关系和精神世界层面的展现，从一定意义上讲，公民善良和社会善治是一个社会形态优越性的显性标志。新中国建立以来特别是改革开放以来，我国社会的发展成就举世瞩目，成为当今世界发展最快、人民生活改善最大的国家，我们比以往任何时代、也比当今任何国家和民族都更加有信心实现民族振兴和人民幸福。越是富足就应当越是友善的民族，这样才能成为真正幸福的民族。（黄明理，2015）

第三章　中西文化模式对比

案例导读：时代楷模黄大年

"我爱你，中国"

"祖国帮我实现了大学梦、出国梦，是时候为她实现中国梦了。"黄大年曾经的寥寥数语，道出了新一代归侨心系国家民族振兴、鞠躬尽瘁的赤子情怀。

在英国的岁月，黄大年忙于工作的同时，也一直心系祖国。

他的好友孙伟说："黄大年最珍贵的品质是对人真诚，真心对待他的好朋友，爱家人，爱国家。用东北话说就是特别实诚。黄大年的父母都是老师，所以他的家教就是传统的知识分子家庭教育。对名利无欲无求，为人本分、爱国。以前在英国的时候，他时常在海外华人网络社区上与一些反华言论辩论，维护祖国的尊严与形象。"

黄大年一直与国内有密切联系，一有机会就回国参加学术活动。孙伟认为，他后来回国开展科研工作"不是偶然的选择，不是心血来潮"。

这一点即使外国同事也能感受到。曾与黄大年在ARKeX共事的马克·戴维斯说，黄大年热衷科技创新，"尽管他当时没跟我提过他想回国的原因，但这是显而易见的，中国正投入大量资源支持高质量的科研项目发展，他希望参与其中"。

　　黄大年决定回国，家庭的付出非常大。 2009年的平安夜，黄大年"落荒而逃"般登上了从英国飞往中国的飞机，抛下身后的一切：剑桥大学学区的花园别墅、世界一流的团队、妻子苦心经营的诊所，还在念书的女儿。

　　"落荒而逃"，黄大年在回忆当时回国的情景时用了这样一个词。"诊所里的药堆满了两个车库，车都扔在了停车场，什么都不管了。必须立刻走，我怕再多待一天都有可能改变主意……"这样质朴无华的话语让我们看到了一个真实、可爱的爱国赤子。

　　妻子卖掉苦心经营的诊所时的失声痛哭，团队成员的依依不舍，抛下女儿时的担心，都让2009年的那个平安夜成为黄大年最不能忘却的一晚。

　　"很多人都选择年老体弱落叶归根，但作为高端科技人员，我应该在果实累累的时候回来！"当被吉林大学侨联副主席任波问及为何舍下英国优越的生活和工作环境毅然回国时，黄大年如是说道，"我是国家培养出来的，是从东北这块黑土地走出去的，当然就要回到这里！"

　　《我爱你，中国》是黄大年生前最喜欢的歌，这首歌与他很配。不管是在海外，还是在中国，每当听到这首歌，他都会忍不住泪流满面。在"黄大年先进事迹报告会"现场，任波给大家播放了吉林大学艺术学院副教授姚丽华在黄大年走后的第二天带病录制的《我爱你，中国》。会场里一片静穆，只有黄大年生前最爱的歌声在回响。

　　"一定要出去，出去一定要回来！"黄大年不仅自己深爱着祖国，还时刻不忘把这种爱国情怀倾注到自己的学生中。

"他曾问我有没有留学的想法，说钱的问题不用担心，他可以帮助。他只有一个要求，学成一定要回来。"黄大年的硕士研究生乔中坤在报告会上说这番话时，全场响起掌声，大家都被"一定要出去，出去一定要回来"所饱含的爱国情怀所触动。

"拼命黄郎"

"惜时如命"、"科研疯子"、"拼命黄郎"，这些都是对黄大年生前工作状态的真实写照。

对他而言，非常态的工作才是常态。"黄老师几乎每天都工作到凌晨，出差的路上都在打电话，飞机上都在写材料。事无巨细，每一个文件，每一封邮件，甚至每一条信息，他都完成得极认真。"黄大年的工作秘书王郁涵在报告会的发言中回忆道。

"这个会议上不能没有吉大的声音；那个研讨的题目我在国外的时候比较了解，要帮助他们少走不少弯路……"每当大家苦劝黄大年不要太辛苦时，他是嘴上答应着，又照常把工作行程排的满满当当。每当问他出差坐什么时候的航班时，黄大年总是头也不抬地说"就今晚最后一班吧"。

只要不出差，黄大年都是办公楼里走得最晚的那位，每次都是工作到办公楼熄灯。有一次办公楼装修，布满了脚手架，当他借着手机的微弱灯光照路时，不小心被脚手架绊倒摔伤。第二天，他还是一瘸一拐地来上班。黄大年回国后，心里一直很急，因为从世界顶尖的科研机构回来的他，深知中国在对应领域与世界领先水平的差距，他要通过加倍努力工作来追赶。

"努力"二字已不足以道出黄大年的工作状态，他的努力更准确地说是拼命。"那是2016年6月的一天，黄老师的办公室传来'砰'的一声，我跑进去看到他躺在地上。把他扶到沙发上后，他让我们帮他掏出了口袋里随身带着的速效救心丸，吞下去几粒并休息了二十来分钟后，黄老师便去接着去其他办公室布置接下来的工作了。"王郁涵的这番讲述，让会上许多人感到敬佩又痛心。"第二天答辩之前，他从怀里拿出那瓶速效救心丸，含进嘴里几粒，调整一下笑容就上台了。"

其实，在英国的时候，黄大年是一个特别会生活的人。做饭、烤肉、办派对，剑桥的别墅从里到外都是他和夫人亲自动手打造的，花园里鲜花果子满树都是。回国后，黄大年的生活便让步于工作，以"把每一天都当成生命最后一天"的态度超负荷工作着，直到2017年1月8日。

"不能耽误人才"

"我最看重的身份是一名教师"和"作为老师，决不能亏待了这帮孩子，绝不能耽误了这拨人才"是黄大年常挂在嘴边、放在心上的两句话。

他视每一位学生为璞玉，将每一块都照其纹路雕琢成器。"2011年10月，发现刚入学的侯振隆对数学和编程感兴趣，恩师就鼓励他深入学习，亲自给他挑选、购买相关书籍，还经常手把手地教他；2013年，陈延礼作为博士后科研人员加入团队时，恩师与他在办公室长谈了3个多小时。在了解了他的科研情况和研究兴趣后，为他专门准备了办公设备和笔记本电脑，精心规划了新的科研方向。"乔中坤在发言中称。

有着国际视野和学术远见的黄大年，一直致力于把学生培养成"出得去、回得来"的人才。对此，乔中坤深有体会，"据不完全统计，目前恩师已经资助近30人次参加各类国际会议。"甚至在手术前一天晚上，黄大年还在电脑前字斟句酌地为博士研究生周文月到英国剑桥深造写推荐信。

"有困难就来找我，地质宫就是你们的家，我就是你们的父母。"除了在学业上为学生规划指点，黄大年在生活中也为学生排忧解难。夏日的电风扇、冰淇淋、降暑药、绿豆粥；冬日的电暖气、空气加湿器；平时的防霾口罩、防近视护眼台灯、电脑架、专业期刊等，都倾注着黄大年对学生的呵护。

"2014年，国家研究生改革，1万元的学费成了很多家庭经济困难的学生的坎儿。恩师得知情况后，默默帮学生垫付了学费。2016年3月，恩师得知学生高秀鹤的母亲患病住院后，立即联系她，给予精神上的鼓励和经济上的帮助，并第一时间帮忙联系优质医疗资源。"学生乔中坤历数着黄大年生前对学生们的帮助与关爱，全场为之动容。

黄大年殚精竭虑的辛勤耕耘，换来了桃李芬芳。他所指导的44名研究生获得省部级以上奖项14人次。黄大年虽渐渐远去，他播下的桃李正在开花结果。

学习了黄大年老师的先进事迹，我们眼前出现了一个中国独有的人民教师的形象，这个"独有的教师形象"是和中国的集体主义文化模式和当代社会主义核心价值观紧密相连的。下面，让我们对此详细分析。

第一节　集体主义和个体主义

一、集体主义和个体主义文化模式

Hofstede（2001）认为，个体主义存在于人与人之间的关系松散的社会，在这个社会里，每个人都必须照顾好自己。在集体主义社会里，人人生来就属于一个人人联系紧密的小群体，这种关系持续一个人的一生，一方面保护他免受外界的侵犯，另一方面他必须对该群体具有无条件的忠诚。

　　Hofstede根据对IBM公司的调查数据，列出了74个国家和地区的个体主义和集体主义指数对比表。在这个表中，数值从0到100表示从集体主义到个体主义的变化。换句话说，排名从74到1表明从集体主义到个体主义的变化。从表中可以看出，排名第一的美国是最具有个体主义文化模式的国家，中国（包括中国内地、中国香港地区、中国台湾地区）具有集体主义文化模式。

表格　74个国家的集体主义和个体主义排名

国家／地区	分数	排名	国家／地区	分数	排名
美国	91	1	俄罗斯	39	37～38
澳大利亚	90	2	阿拉伯国家	38	39～40
英国	89	3	巴西	38	39～40
加拿大（全国）	80	4～6	土耳其	37	41
匈牙利	80	4～6	乌拉圭	36	42
荷兰	80	4～6	希腊	35	43
新西兰	79	7	克罗地亚	33	44
比利时弗拉芒	78	8	菲律宾	32	45
意大利	76	9	保加利亚	30	46～48
丹麦	74	10	墨西哥	30	46～48
加拿大魁北克省	73	11	罗马尼亚	30	46～48
比利时瓦隆	72	12	东非	27	49～51
法国	71	13～14	葡萄牙	27	49～51
瑞典	71	13～14	斯洛文尼亚	27	49～51
爱尔兰	70	15	马来西亚	26	52
挪威	69	16～17	中国香港	25	53～54
瑞士德语区	69	16～17	塞尔维亚	25	53～54
德国	67	18	智利	23	55

南非	65	19	孟加拉国	20	56 ~ 61
瑞士法语区	64	20	中国内地	20	56 ~ 61
芬兰	63	21	新加坡	20	56 ~ 61
爱沙尼亚	60	22 ~ 24	泰国	20	56 ~ 61
卢森堡	60	22 ~ 24	越南	20	56 ~ 61
波兰	60	22 ~ 24	西非	20	56 ~ 61
马耳他	59	25	萨尔瓦多	19	62
捷克	58	26	韩国	18	63
奥地利	55	27	中国台湾	17	64
以色列	54	28	秘鲁	16	65 ~ 66
斯洛伐克	52	29	特立尼达岛	16	65 ~ 66
西班牙	51	30	哥斯达黎加	15	67
印度	48	31	印度尼西亚	14	68 ~ 69
苏里南	47	32	巴基斯坦	14	68 ~ 69
阿根廷	46	33 ~ 35	哥伦比亚	13	70
日本	46	33 ~ 35	委内瑞拉	12	71
摩洛哥	46	33 ~ 35	巴拿马	11	72
伊朗	41	36	厄瓜多尔	8	73
牙买加	39	37 ~ 38	危地马拉	6	74

我们把Hofstede对于不同国家中个体主义和集体主义在家庭、学校和工作场所里的两极表现总结并介绍如下。

1.个体主义和集体主义在家庭里的表现

个体主义在家庭中的主要表现为，属于个体主义文化的家庭往往是核心家庭，孩子们独处的机会很多，人们从小学会的思维方式是以"自我"为中心。个体主义在家庭中的具体表现主要有以下几点。

首先，大人教导孩子有什么想法就要直接说出来，哪怕这会伤了别人的感情。因为说出实情被认为是显示真心实意而不虚伪，以及是诚实的美德。与长辈或其他人的意见相左的时候进行争论也是有益的，因为通过辩论可以使道理更清晰。当然，与其他人交际的结果也并非不重要，可是，这不能成为改变自己观点的理由。在个体主义文化里，一个人在孩提时期就可能学会了如何处理家庭中的意见冲突，并把这作为正常的家庭生活的一部分。这样，当他长大成人后，自然就会对任何不同的意见作出直接的、建议性的反应。

其次，只会重复别人思想的"应声虫"似的孩子被认为性格有缺陷。孩子们从小就受到鼓励，要有自己的思想，要以自己的思想去指导自己的行为。

第三，父母希望孩子们小小年纪就在课余时间出去勤工俭学，并由自己作出决定如何支配自己亲手挣到的零花钱。

第四，"自尊"也是一个需要从小培养的美德。这个美德本身就与"个体主义"注重的"自我"有着紧密的联系。

第五，在个体主义社会里，人们非常注重隐私。

集体主义在家庭中的主要表现为，集体主义文化中的家庭往往是大家庭，人们从小就能从中体会"群体内"和"群体外"的区别。孩子们大多生活在某个群体中，独处的机会很少。人们从小学会的思维方式是以"我们"为中心。集体主义在家庭中的具体表现主要有以下几点。

首先，人们在家庭中学会的最重要的美德就是要与他人和谐相处。这种美德无论在家庭内还是家庭外都是至关重要的。与他人的直接冲突被认为是没有教养和不礼貌。人们从小就学会不要直接拒绝他人的请求。因此，从这样的文化中走出的人若说"是"，未必意味着同意；没有说"不"，也未必不是拒绝。

其次，在集体主义文化中，个人应该服从集体的观点。孩子们很小就明白，背离集体观点或父母的观点是一种性格或者品格的缺陷。

第三，集体主义文化中的一个本质特点是对群体的忠诚，这一点反映在家庭关系上，就是资源或财富共享。

第四，个人对家庭的责任不仅表现在金钱上，也表现在对各种例行的家庭仪式的必须参加上。

第五，集体主义文化中培养的另一个重要概念是"面子"。孩子们在家庭中就学会了与人交往的时候不仅自己不能丢面子，也要给别人以面子。

第六，在集体主义社会里，人们的私人生活常常被群体内的他人所侵扰。

2.个体主义和集体主义在学校里的表现

人们在家庭中培养的个体主义或集体主义文化模式在学校里得到进一步加强，并明显表现在课堂行为上。

集体主义在学校中的具体表现主要有以下几点。

首先，在具有集体主义文化的社会里，每个学生把自己看做是班级这个群体的一员。没有群体的参与，个人就不好意思随便在课堂上发言。因此，当老师问全班学生一个问题的时候，很少有学生会主动站起来回答。通常情况下，老师必须指定某个学生回答，才能有人回答。

其次，当有班级外的成员在场时，即有群体外的人员在场时，尤其在老师不在的时候，学生也很少能畅所欲言。在场的人数少比在场的人数多更能使学生愿意开口讲话，而且，这种讲话更多地表现为轮流讲话。

第三，集体主义文化中的"群体内"和"群体外"的区分，使学生们在学校里更容易根据其相同的背景而形成各自的小团体。

第四，在具有集体主义文化的课堂里，老师和学生都奉行"和谐相处"和"维护面子"的原则。教师不把每个学生当做一个个的个体来看待，而是把他们作为该群体内的一部分，每个学生的行为都影响到集体的荣誉。

第五，学习的一个目的，是学会与其他群体成员相处的技巧和美德。

个体主义在学校中的具体表现主要有以下几点。

首先，在具有个体主义文化的社会里，学生们习惯于在课堂上积极主动回答问题。

其次，当老师给学生布置某个需要组成小组完成的任务时，学生们更容易组成各种新的小组。

第三，学生们知道老师应该区别地对待他们每一个人，并把每个人看作一个独立的个体。

第四，学生们也会形成一些小团体，但是这种小团体是由共同的任务或友谊而组成的。

第五，学生与同学们或老师的公开争论被看作是有益的行为，人们几乎没有"面子"的概念。

第六，学习的一个目的在于，为个人做好进入一个有其他个体的社会的准备，这就是说，要学会如何对付新的、未知的局面。

3.个体主义和集体主义在工作场所的表现

在具有个体主义文化的社会里，管理意味着对个人的管理，工作比任何人与人之间的关系都重要。每个人的自我实现是工作的最终目标。

在具有集体主义文化的社会里，雇员和雇主的关系更具有道德色彩，很像是家庭关系，管理意味着对群体的管理，人与人之间的关系比工作更重要。群体的利益高于个体的利益，和谐和共识是社会中的最终目标。

二、集体主义和个体主义在跨文化交际中的体现

可以看出，中国文化是典型的集体主义文化，中国有句古话"一日为师，终身为父"，这一点在黄大年老师身上体现得尤为明显。他常对学生说："有困难就来找我，地质宫就是你们的家，我就是你们的父母。"除了在学业上为学生规划指点，黄大年在生活中也为学生排忧解难。夏日的电风扇、冰淇淋、降暑药、绿豆粥；冬日的电暖气、空气加湿器；平时的防霾口罩、防近视护眼台灯、电脑架、电脑、专业期刊等，甚至为学生垫付学费，为其家人捐款，资助学生出国留学，所有这一切都倾注着黄大年对学生的呵护。这样的老师，在个体主义文化里是不存在的。在个体主义文化里，从来没有老师是学生父母的概念。

黄大年作为学生的"父母"，注重言传身教，他不仅自己深爱着祖国，还时刻不忘把这种爱国情怀倾注到自己的学生中，他教育学生："一定要出去，出去一定要回来！"一定要出去的目的是为了学习国外的先进科技知识，出去一定要回来是为了建设自己的祖国。

如果具有集体主义文化模式的中国学生到具有个体主义文化国家的大学学习，在学习方式方面的不同可能会有一些不适应。Samovar（2001）指出，学习方式没有好坏之分，但是，一

种文化里的学习方式未必是另外一种文化里的学习方式。文化和种族比社会阶层对认知方式所产生的影响要大，这证实了文化与学习之间存在密切联系。受文化差异影响的学习方式有四个方面：认知方式、交际方式、关系方式、动机方式。

第一，认知方式。来自不同文化的人在感知周围环境和处理信息方面各不相同。这些感知和处理信息的不同方式叫做认知方式。认知方式有好几种，文化在个人认知方式的选择方面起了很大的作用。

①领域独立型与领域敏感型，指学生们感知周围环境的方式，是重视整体还是重视局部，是侧重宏观还是侧重微观。领域敏感的学生对他们周围的环境有一个较全面的认识，对社会领域更加敏感。领域独立的学生往往更具分析能力，更注意环境中那些抽象的、与人无关的因素。具有集体主义文化的中国学生往往是领域敏感型的，他们喜欢与其他学生一起学习和工作，希望得到来自老师的帮助和指导，容易获得团体奖。而个体主义文化中的学生往往是领域独立型的，他们喜欢独立学习和工作，以工作为重心，希望通过个体竞争获得个人的奖励。

②合作型与竞争型，指学习者是喜欢在合作的氛围中一起工作还是喜欢在与他人竞争的氛围中独立工作。具有集体主义文化的中国学生大多具有合作意识，喜欢在集体中工作，比如喜欢在一起做作业、互相帮助。而具有个体主义文化的学生则往往喜欢独立工作、相互竞争。

③犯错尝试型与先看后做型，指人们是喜欢通过参与和犯错尝试来做事情还是喜欢先仔细观察再做事情。具有集体主义文化的中国学生往往多次观察该如何完成某项任务，直到他

们认为自己有能力做了再动手去做。而具有个体主义文化的学生通常喜欢用犯错尝试的方法来解决问题、得出结论。他们反复试验，知道会出错并能接受错误，直到能够熟练地把事情做好。

第二，交际方式。在课堂上，交际可能是最重要的活动，因为学习就是通过这种方式才得以进行的。交际包括听、说和批判性思考。人们参与这些活动的方式多种多样。交际方式是指人们偏爱的交际方法。

①直接交际与间接交际，它们反映了文化影响交际的程度，即人们是喜欢直接交际还是喜欢间接交际。具有集体主义文化的中国学生习惯于间接交际方式，不喜欢在全班同学面前发言，不喜欢成为受关注的焦点，比较害怕丢面子，既不主动提问题，也不主动回答问题。具有个体主义文化的学生喜欢直接交际方式，争相发言。两者在同一个具有个体主义文化的国家的教室里接受教育，往往会形成鲜明的对比，如果老师不懂得文化影响交际方式这个事实，很可能会认为偏爱间接交际方式的学生缺少学习热情，或学术上不成熟。

②正式交际与非正式交际，它们反映了人们在交际场合中所期望的正式程度。中国自古以来就有尊师重道的传统，因此，具有集体主义文化的中国学生在老师面前偏向于正式交际方式，对老师以头衔相称，面对老师会起立说话，交作业给老师时会用双手递交。具有个体主义文化的学生则习惯于非正式交际方式，可以对老师直呼其名，中国学生可能会觉得他们没有礼貌。

③主题中心式交际与主题相关式交际，指学生考察和学习

一个主题的方式，这一方式也受文化的影响。具有集体主义文化的中国学生往往采用主题相关式交际方法，他们在论述中会提供一系列与某人或某个主题相关的片段，这些关联在描述中往往很含蓄而且一般不直接表达出来。具有个体主义文化的学生的交际方法是主题中心式，即他们的陈述集中于单一主题或与主题紧密相关，以线性的方式得出结论。

第三，关系方式。人们彼此间相互联系的方式称为关系方式。

①依赖型学习与独立型学习，它们反映出学生对老师的支持、帮助和见解的依赖程度。具有集体主义文化的中国学生往往是依赖型的，希望得到老师的帮助、支持，以及指导和反馈。而具有个体主义文化的学生大多是独立型的学习者。

②参与型学习与被动型学习，指学生参与学习过程的方式。具有集体主义文化的中国学生往往是被动型学习者，喜欢认真听课和记笔记，以及观察和模仿，他们习惯于老师掌握所有信息并传授给学生。而具有个体主义文化的学生大多是参与型学习者，积极主动地参与课堂讨论，并可能对老师提出质疑，他们习惯于老师鼓励学生多提问题，多进行讨论，积极参与学习过程。

③思考型与冲动型，指学生在得出结论以前花多长时间去思考问题或难题。具有集体主义文化的中国学生往往是思考型的学习者，他们会长时间进行思考，然后得出结论或解决问题。如果未经思考、草率作答而答错了，是很让人丢面子的事。而具有个体主义文化的学生大多是冲动型的学习者，对问题反应迅速，抢着回答老师的问题，最先答完考卷。

第四，动机方式。对于学习的重要性和必要性，文化提供了各种理由。这些理由都是促使学生参与教育过程并力求出类拔萃的动机基础。动机方式主要分内在动机与外在动机，它们与动机的来源有关。内在动机指来自于内部的动机，外在动机反映的是影响学习者的外界因素。大多数学生都会既有内在学习动机也有外在学习动机，但程度不同。具有集体主义文化的中国学生经常受父母和亲属等外部因素的激励，很多学生努力学习是想取悦父母，给亲属留下好印象，不在亲属和外人面前丢面子。而具有个体主义文化的学生更多是受内在动机的激励去学习，比如渴望在学术上取得成就，这样他们就能够找到好工作。

中国学生的中国式的学习方式在国内学习如鱼得水，但是，到了具有个体主义文化的国家留学，就可能产生学习障碍。举几个例子：

例子1：

美籍华人记者高娓娓撰文写道：有些中国留学生在海外很难融入当地社会，这其中，有地域文化的差别因素，也有留学生自身的问题。留学生到了国外，并不是每个人都适应，有些人如鱼得水，游刃有余，有些人很不习惯，度日如年。学业的繁重，生活习惯截然不同，文化难以融合，再加上语言问题，导致有些留学生困在自己中国同学的圈子里，没法融入到美国当地的文化中。

问题到底出在哪？那些中国留学生身边的老外们，是怎么看中国留学生的呢？

评价一：读书用功，看重成绩。美国学生认为中国学生学习太用功，对考试过于重视，对创造力和独立思考却不注重。只顾埋头学习，却对自己的人生和将来缺乏思考。有一个老外说，中国学生都是"用功狂"。他们学校的老师有时候会列出一些建议阅读的书目，但经常都是只有中国学生会认真看完的。而且中国学生的总分却还是比不上外国学生，因为他们不会积极地参加课堂讨论，那也占分数的50%呢。有几个教授朋友，他们也和我聊过，说中国学生不太喜欢在课堂讨论，不太喜欢发言。其实很多时候并不是他们不知道说什么，而是不敢说。网上有一个留学生说：课堂讨论时，我经常知道问题答案或有个不错的点子，但憋死也不举手说，当老师把目光转移到我身上时，我却或装痴呆状，或做羞涩状，等到老师把这个话题结束了，才后悔刚才没说两句露露脸儿。

评价二：缺乏幽默感，开不起玩笑。美国人很喜欢聚会，经常在自己或朋友家开办各种派对，各种主题，各种玩法，其中免不了喝酒和整人逗趣的小游戏。但奇怪的是，很多老美学生，很少邀请中国留学生参加这种聚会。因为他们担心中国留学生会不习惯他们的玩法。毕竟，大多数中国学生还是非常内向。对于大多外向奔放的美国人来说，中国留学生让他们觉得有些难以接近和不好相处。

评价三：英语交流能力差。有美国学生说："当我得知中国留学生都从小学就学习英语时，我简直太吃惊了，因为他们的口语能力完全不能正常对话，更别说讨论问题了。"刚出国门，语言障碍是每个留学生都不可避免的，别说你英语多牛，雅思多少，GRE多高的，到现实中完全没用，这个障碍不克服，就难以融入美国文化中去学习。特别提示：突破语言障碍的唯一办法，就是多跟周围的人交流。不要怕出丑，不要怕被人笑话。我十多年前移民来到美国，被逼学习，在过程中出了不少洋相，现在英文也不是很好，还在学习，只是居然还经常冒充翻译，相信我的故事对你是鼓励，当你丧失信心时，当你们想放弃时，不要忘了，高娓娓那么笨都学了英语，你们还有什么学不会的呢？

评价四：讲人情，害怕冲突，有意见也不愿意明说，喜欢私下解决。中国留学生不喜欢争论，不喜欢产生矛盾，也害怕冲突，如果谁对谁有意见，也会尽量避免当众说出来，而是台下解决，避免冲突。而对于一些不涉及个人隐私的事情，美国人通常喜欢每当有意见分歧的时候，可以大家摆上台面来公开辩论。这一点和中国人恰恰相反。

评价五：中国留学生比较内向，含蓄。美国人总说中国留学生不喜欢把自己的感情外露，更不喜欢随时随地把"我爱你"挂在嘴边。

从例子1里我们看到，中国人乐于营造和谐的人际关系，互相照顾面子，含蓄内敛，这些在国内学校里会给学生带来加分的特点，到了具有个体主义文化的美国校园里显得有些格格不入，甚至影响到学习成绩。有一句西方谚语When in Rome, do as the romans do.翻译成汉语就是入乡随俗，学习方式随着学习环境的变化可以进行相应的调整。

在例子1里还提到中国留学生英语交流能力差，如何解决这个问题呢？这也是个需要改变现有学习方式的问题，请看例子2和例子3.

例子2：

旅美华裔学者，创办留美预科的薛涌在《中国人为什么学不会英语》一文中写道：英语永远也学不会！这种抱怨和哀叹，大概在中国早已经司空见惯了。于是，有人开始计算学英语是多么大的浪费。

作为过来人，我对此深有体会。记得我当年也有过类似的绝望感。但是，一位前辈安慰我说：语言就是习惯和经验，是时间堆出来的。你有了那样的投入，就会有产出。不可能永远学不会。

此言对我当时是个不小的鼓舞，身体力行之后，也深知这确实是至理名言。所以，当最近一位在英语中挣扎的学生发出类似的绝望声音时，我干脆对他说："你还差两千小时。再花两千小时后看看结果，你的程度将大不一样。"

然而，看看我们身边的人就会发现，确实有许多英语"永远学不会"的人。有些人，不知在英语上浪费了多少个"两千小时"，至今连掌握英语的影子还没有。这是怎么回事？

首先，英语虽然是习惯和经验的积累，但需要持续的、有一定强度的积累。道理很简单：人有记忆曲线，也有遗忘曲线。只有在记忆曲线压倒遗忘曲线时，语言的积累才可能发生。每天看一个小时，记住了半小时的内容，这是积累。但坚持一个月后放弃，再回来时还是从零开始，并无所谓积累。如果每天只看20分钟，大概还不够你忘的，即使持之以恒，也难有什么积累。那些没常性、想投机取巧的，确实别想学会英语。所以我会要求学生：每天至少读一个小时，这仅仅是"保持状态"，然后到节假日突击强化，有所跃进。

如果你能这样持之以恒的话，那么下面的问题才是最关键。我辅导一位已经被美国挺好的大学录取、却依然在英语中苦斗的学生。我对她分析说：你的问题其实就两个。一个是会用字典、查单词，一个就是会把复杂句拆开，找出主句从句来，搞清楚哪个修饰哪个，然后再组装起来。这两个问题解决了，英语就差不多掌握了。

这听起来容易，操作起来则往往相当吃力。姑且谈查字典。最近一年辅导了几十个中国学生，这一经验，也帮助我反省自己学英语的经历。我们小时候在中国学英语时，都是这样的程式：课本上第一课、第二课地排列好。每篇课文后面，都有个词汇表。老师上课，也往往是先过一遍词汇表，或者学生自己先把词汇表看一遍。这叫扫清障碍。久而久之，就不会查字典了。后来有了英国引进的《新概念英语》，发觉课文后并无词汇表，而有围绕词汇进行的练习。

可惜，中文版往往画蛇添足，把词汇表加上，把引进的英语教程中国化了，否则中国读者不接受。后来上美国人的英语课，甚至连课文都没有。老师随着课程进展每天都发复印的文章，量大得铺天盖地，根本不管你里面的字是否认识。当时我们措手不及，适应不了，到处诉苦："美国老师不教呀！"如今看女儿在美国的学校里读书，大量的阅读，也往往是没课本、没词汇表。

经过这一切，我终于领悟了皮亚杰的那句名言："每当你告诉一个孩子答案时，你就剥夺了他自己去发现的权利。"学英语何尝不是如此？读书要从识字开始。识字就意味着要查字典，是自己探求的开始。但是，我们的英语教育，一开始就都帮助学生们把字典都查好了，把答案都告诉大家了。更糟的还远不止于此。要知道，任何课本，都是由浅入深。一二年级的词汇，都是最常用的词汇。

但是，如我所说，这些最常用的单词并非最简单的单词，其实往往最难，因为其词义最丰富。但是，课本的词汇表上，往往就列那么一两个意思，给学生一种懂了的幻觉。等他们在其他文章中碰到这些词时，就生搬硬套词汇表，哪怕明明意思不靠谱儿，宁可在那里捶胸顿足地挣扎，哀叹英语实在读不懂，也不愿意查一下字典：他们根本不相信这么简单的字自己会不懂！

所以，我教学生，第一件事情就要求大家买本大字典，标准有三：一是要几百块的那种，要收几十万个词的。五万八万词的小字典不够用。二是要有双解，习惯读英文的释义，那样理解才地道，实在读不懂，再读中文释义。三是要有丰富的例句，不仅要知道字的含义，还要知道怎么用。

有位学生为了一个简单的词查字典，事后诉苦说：释义有三页，读得头都大了。我说别着急，耐心读下去，这难道不是学英文的好过程吗？另一位同学碰到不认识的字就来问我。我回答：你自己怎么不查？难道把老师当查字典的机器了吗？她马上道歉，说自己积习难改，应该好好反省。

还有位同学，几乎和我顶撞起来：我字读不懂问老师，老师不回答，让我回去查字典。那么老师干什么呢？我只好告诉他：老师的教学目的，就是让你能够脱离老师。你必须自己先去试试……可见，中国式的英语教学，把这种等待、依赖的心理塑造得根深蒂固，在某种程度上就是教学生怎么学不会。

从例子2中可以看出，中国学生的学习方式固然不太适合学英语，但是，这种学习方式大多是由老师造成的。因此，作为英语教师，改进教学方法势在必行。

例子3：

从美国康奈尔大学博士毕业的李慧斯在《美国说话术：给插不上话的中国孩子》一文中写道：美国也有自己的说话术。但是悲剧的是，我们在中国不管学了多少年英语，不管是新概念新东方还是新托福，对这套说话术，毫无接触。

我刚来到美国的时候，最痛苦的事情莫过于上课发言：插不上话。虽然美国人在侃的那些内容有些很浅显不是什么真知灼见，但是他们就是在那里滔滔不绝。有你举手的功夫，或者你在头脑中组织语言的时间，人家已经侃了半天了。我们教育学，一堂课两三个小时，老师说话的时间不超过半个小时，剩下的时间都是大家在神侃（围绕着阅读材料，理论，案例）。如果你是学文科和社科的专业，这种情况你肯定不陌生。课堂发言的重要性体现在三方面：第一，这个占期末成绩的30%，比期中考试还多；第二，你上课老是不发言，大家会认为你什么都不懂，大家不会很看得起你，在课外生活中会被边缘化；第三，你上课老是不发言，老师会认为你的学习态度不端正，对这个课不感兴趣或者没有读阅读材料。

最开始，我曾经尝试过，硬是挤进一段对话，但是感觉很唐突，在同学和老师的眼神中你是看得出来的。我思考了下，问题出在中美课堂发言的方式不同。中国都是老师问一个，学生答一个。学生要举手，所以很有秩序。每次都要老师的讲解贯穿在学生的发言之间，所以学生之间没有对话，学生发言的时候不需要说些承上启下的话。而在美国，没什么举手，你有的时候需要一个手势（抬下手）或者一个声音（Ummm，Yeah， Well之类的）把别人的注意力吸引过来即可开讲。一堆同学之间要讲N个回合老师才说话。这个时候，如果你加入到一个对话，就非常需要承上启下，需要和别人互动，需要总结别人的话，需要明确的表达自己的话和前面一个或者几个人的话之间是什么逻辑关系。这种逻辑关系可以是：补充、反对、支持、提问、要求澄清、他说的理论我举个例子、他说的现象我升华抽象成规律和理论、我要新起个头说下一话题，等等。

这种插不上话的情况不仅仅在刚来美国的中国学生中出现，来美国N年还是插不上话的也大有人在。昨天我在做一门课的助教，这门课是斯坦福研究生、博士生、博士后都可以选的一门课。另外的一个助教和我说，他们组有一个中国女孩，每次讨论的发言时间都很短，不过很上进，经常找他要反馈和建议。但是由于她一共也没说几句话，这个助教给不出什么反馈很是头疼。于是这个美国助教跑过来拜托我找时间和这个中国女孩沟通，帮他解围。我以为女孩也是刚来美国，结果人家博士都要毕业了。但是由于学的是理工科的专业，课堂讨论的时间少，系里很多中国人经常在一起，而且他们学科讨论的时候可以写一些公式图表帮助表达，如何讨论还是很不懂。我突然醒悟，讨论这种东西真是躲得过初一躲不过十五，即使你在学校在你们实验室5年都不用练美国的说话术，等到毕业了，在公司里你怎么说服别人，怎么让你的老板给你更多锻炼的机会，你怎么给你的下级提供指导，你怎么协商谈判解决工作上的纠纷，怎么取得职业上的发展。

　　当初我在发现了插不上话这一问题之后，开始留意别人都是怎么说的。其他人在上课的时候笔记记的都是讲的理论和学科的知识，我记的是人家怎么讲话，比如怎么开始，怎么表示同意、怎么反驳，怎么提问、怎么表达自己的意见、怎么追问、怎么寻求帮助等等。如果不想自己总结，也可以找相关的书来学。

　　当学会了这些话之后，不要好面子、难为情，要大胆地说。每到一个新的课堂，只要最开始的时候把自己话很多想法很多的名声坐实了，之后就很少有人和你抢话了，你说得慢的时候，大家也耐心地等着听，不会直接把话抢过去。美国课堂讨论的争辩效果，有的时候，我觉得只能用群殴这个词来形容：学生群殴老师，同时学生之间互相群殴。

　　看了以上的例子，我们可以直观地感觉到中国学生和个体主义文化中的学生在学习方式方面有很多不同，如果这些国家（比如美国、澳大利亚、英国等）的老师没有意识到这些不同，有可能对中国学生产生误解；而没有意识到这些不同的中国学生到这些国家去学习，也容易削弱学习的热情。为避免跨文化学习方面的障碍，在这些国家学习的中国学生一方面可以主动给当地老师讲解中国文化及其相关的中国学生的学习方式的特点，另一方面，可以尝试一下当地学生的学习方式。多尝试一种学习方式，也是接触和感受另外一种文化的途径。只有扫除了学习上的障碍，才能真正学习到国外先进的科技知识。只有学业有成，才能达到留学的目的，才有真才实学来报效祖国。

第二节　集体主义和社会主义核心价值观

如前所述，中国传统文化是集体主义文化，其主要精神是家国同构。《韩非子·忠孝》说："臣事君，子事父，妻事夫，三者顺则天下治，三者逆则天下乱，此天下之常道也。"集体主义是与个体主义相对立的价值原则，在人与社会的关系网当中，中国传统文化的价值理念倾向整体性思维，显示出一种明显的整体性特征。在传统儒家思想体系中，个体是捆绑在宗法血缘关系的纽带上的。家国一体的宗法制度与我国传统文化价值思想有着亲密的联系，古代中国宗法制度的这种社会结构的本质特征就是家族本位的观念。在宗法制度的庇护下，家族成为社会的基本细胞，并延伸至整个社会领域，使得社会成为放大了的家庭，从而形成了家国同构、天下为公的这种社会形态。家中有国、国中有家的这种"天下国家"的思想必然重视家庭利益、家族利益、国家利益，而把个人利益置于他们之后。所谓的"以天下为一家"的传统文化价值观念意味着要从家的关系来认识和创建天下的社会准则和规则秩序。一个家庭如果仁义，这个国家也会仁义；一个家庭懂得谦让，这个国家也会胸怀宽广。（魏钰桐，2015）

中国共产党的领导下的集体主义有了新的内涵：（1）以集体的利益为重。这是集体主义的首要原则。集体应该是真实的集体，真正代表其中每一个成员根本利益的集体。这种集体的概念是指一个具体单位、组织、社会团体、国家。这些集体本身都是由许许多多、甚至是全国人民的个体组成的，它是众人相加之和。这样的集体代表着大家的共同利益、根本利益，所以，它与某一个个体相比，无疑是重于具体的个体的。集体主义强调的个人服从集体的原则，就是从这个意义上确立的。集体主义原则不是从具体的个体本位出发考虑问题，而是从代表集体中所有个体的共同的根本的利益出发，即从集体本位出发考虑问题的。（2）尊重个人的正当利益。个人服从集体，以集体的利益为重，不等于忽视或否定每一个人的正当的利益。在社会主义国家，集体的利益与个人的利益是一致的，这是社会主义国家的一大优势。共产党的宗旨就是为人民服务，为人民的利益而工作、而奋斗。共产党人决不主张不尊重人民的每一分子的个人正当利益。毛泽东主席在革命根据地时期写的著作《关心群众生活，注意工作方法》指出，得分清楚群众的柴米油盐问题，看病的问题，生小孩子的问题，村边小桥上的木板掉了一块，会跌坏了人的，需要立即去补上的问题……一切群众实际遇到的问题都应该成为我们共产党人提上日程认真加以研究解决的问题。从盘古开天地、三皇五帝到现在，历史上曾经有哪一个朝代这样关心和尊重人民群众的正当个人利益吗？从来没有过。所以，尊重个人正当利益这是集体主义的一个重要内涵。（3）追求个人和集体两个方面的不断完善。所谓个人的不断完善就是不断地提升个人的全面素质，掌握科学的世界观。所谓集体的不断完善就是注意不断去掉集体身上的虚假现象和腐败现象。在个人和集体都得到提升和完善以后，整个社会才能不断走向日益和谐的理想社会。从这一点说，集体主义是具有远大前途的原则，它一直伴随人类社会走向和谐的共产主义社会。（刘书林，2017）

集体主义的原则从其内涵来看，是通过调节个人与集体、个人与他人的利益关系，对道德建设起指导作用。社会主义核心价值观的三个层面分别是国家层面的"富强、民主、文明、和谐"，社会层面的"自由、平等、公正、法治"，以及个人层面的"爱国、敬业、诚信、友善"。这三个层面的价值观的内容，体现了国家、社会、个人三者之间的相互关系。这些关系只有在集体主义的指导下才能达到辩证、协调的状态。因此，集体主义就是协调和规范其中内在关系的总原则。在三个层面的价值目标之中，对个人的道德要求，个人的利益诉求"爱国、敬业、诚信、友善"，都必须与国家和社会的整体利益保持一致。这就是"以集体的利益为重"的原则。这是因为，国家层面的"富强、民主、文明、和谐"，社会层面的"自由、平等、公正、法治"，体现的是"集体""整体"方面的利益。集体主义内涵之中的"以集体的利益为重"的原则，就是支撑和凸显国家和社会两个方面的价值目标的原则根据。国家的"富强、民主、文明、和谐"，是每一个公民实现自我价值的大前提，社会状态达到"自由、平等、公正、法治"，才能符合每一个公民的生活和发展的需要。因此，国家和社会层面的价值目标体现了广大人民群众的根本利益，按照集体主义的原则，它首先应该受到尊重。个人价值目标应该与集体的目标保持一致，这就是以集体的利益为重，这就是个人服从集体的道理所在。（刘书林，2017）

作为每一个个体，在践行社会主义核心价值观的过程中，都应该以集体主义作为原则。以作为社会主义核心价值观坚实基础的公民个人层面的价值准则为例，首先，爱国是社会主义核心价值观的政治基础。爱国是针对公民的基本政治操守而言的，作为一国公民就应热爱这个生于斯长于斯的国家，为这个国家尽一份微薄之力。当全体公民都谨记爱国，国家的富强民主、社会的公正法治也就有了坚实的基础。爱国，就是以国家的利益为重，为国家的独立自由、繁荣昌盛而努力奋斗。当个人利益与国家整体利益发生矛盾的时候，个人自觉地服从国家的利益。维护国家的利益不受损害，这是每一个公民的义务。黄大年在国外时，就时常在海外华人网络社区上与一些反华言论辩论，维护祖国的尊严与形象。他放弃国外优渥的生活和科研条件，毅然回国，他的话"祖国帮我实现了大学梦、出国梦，是时候为她实现中国梦了"道出了他的爱国情怀。

其次，敬业是社会主义核心价值观的经济基础。敬业是针对公民的职业道德而言的，每个公民都在这个社会扮演一个较为固定的角色，而这个角色的取向主要基于这个公民从事的职业。这就要求每个公民都能热爱所从事的职业，站好本职岗位，为社会事业的发展作出应有贡献。这样，国家的经济发展才会有更为坚实的基础，对国家的富强、民主、文明、和谐有极大的推动作用。黄大年废寝忘食、勤奋工作、不计得失、只争朝夕，带领科研团队辛勤奉献、顽强攻关，取得一系列重大科技成果，填补多项国内技术空白，部分成果达到国际领先水平，为深地资源探测和国防安全建设作出了突出贡献。因此，黄大年被誉为"拼命黄郎"，原因就在于他对国家朴素而真挚的爱。

再次，诚信、友善是社会主义核心价值观的道德基础。诚信、友善是针对公民的个人道德而言的，由于公民是社会的节点，当每个公民都能诚信做人、友善待人，就会有利于社会层面的公正、法治和国家层面的文明、和谐价值观落到实处。黄大年真诚扶持和帮助青年学者和学生，"我最看重的身份是一名教师"和"作为老师，决不能亏待了这帮孩子，绝不能耽误了这拨人才"是黄大年常挂在嘴边、放在心上的两句话。

　　总之，黄大年是社会主义核心价值观个人层面的行为楷模，所以，中宣部追授"践行社会主义核心价值观的优秀知识分子"黄大年"时代楷模"荣誉称号，习近平同志指出，我们要以黄大年同志为榜样，学习他心有大我、至诚报国的爱国情怀，学习他教书育人、敢为人先的敬业精神，学习他淡泊名利、甘于奉献的高尚情操，把爱国之情、报国之志融入祖国改革发展的伟大事业之中、融入人民创造历史的伟大奋斗之中，从自己做起，从本职岗位做起，为实现"两个一百年"奋斗目标、实现中华民族伟大复兴的中国梦贡献智慧和力量。

第四章 中西思维模式对比

案例导读：传统中医献给世界的礼物

当地时间2015年12月7日下午1时，在瑞典卡罗林斯卡学院的诺贝尔获奖者演讲台上，第一次出现了中国本土科学家的身影，第一次响起了清正柔婉的中国女音，第一次述说了中医药的故事。85岁的中国中医科学院首席研究员屠呦呦的诺奖之旅，在千里之外的斯德哥尔摩，掀起猎猎的中国风。

"青蒿一握，以水二升渍，绞取汁，尽服之。"当年，中医古籍的记载触动了屠呦呦的灵感，成功地打开了青蒿素研发之门，挽救了上百万人的生命。在诺贝尔主题演讲会上，出现了感人的一幕：由于麦克风线不够长，卡罗林斯卡学院传染病学教授简·安德森在屠呦呦研究员演讲全程中一直跪在地上，一只手为屠呦呦研究员拿着话筒，一只手从后面扶着屠教授，30分钟一动未动。我们不能简单地说，这是因为外国科学家为岐黄之术所折服，但至少说明，屠呦呦获诺奖赢得科学家的尊重，神奇的中医药赢得了世界的认同。

上世纪70年代，美国著名记者詹姆斯·罗斯顿在中国针刺麻醉，引发了美国的针灸热。中医针灸从此走出国门，2010年成功入选联合国教科文组织"人类非物质文化遗产代表作名录"。屠呦呦获诺奖，打开了一扇中医药国际化的希望之门，有助于世界了解中医药、接受中医药，有助于展示中医药文化内在的魅力。正如1993年诺贝尔生理学或医学奖获得者理查·罗伯茨所说："中医药不仅是中国的瑰宝，更是全人类的财富。"

截至目前，中医药已经传播到世界171个国家和地区。据世界卫生组织统计，中医已先后在澳大利亚、加拿大、奥地利、新加坡、越南、泰国、阿联酋和南非等29个国家和地区以立法形式得到承认，18个国家和地区将中医药纳入医疗保险。尽管如此，在世界上绝大多数国家，中医药还处于灰色地带，没有合法地位，也缺少法律的保护。除去技术壁垒、经济利益的影响，文化差异是中医药海外发展的主要阻碍。在外国人看来，中医药"说不清、道不明、听不懂"。这也好理解，因为任何人在接受一种外来文化时，都会以其对本土文化的理解为基础。就医论医、就药论药，缺乏文化认同感，中医药走出去就只能永远在路上。

让不相信中医的外国人看中医、吃中药，必须从文化传播做起。跨文化传播中有一个著名理论叫"冰山效应"，那么对中医药来说，浮在海平面以上的是治病防病，而被掩盖在海平面下的，则是中医药特有的价值观和哲学思维。要消除外国人眼中的冰山效应，要让中医药国际化"再上一层楼"，正如屠呦呦在演讲中所说的那样，青蒿素是传统中医给世界的一份礼物，必须"呼吁更多的人去领略中国文化的魅力，发现蕴涵于传统中医药中的宝藏"。

习近平主席说，"中医药学凝聚着深邃的哲学智慧和中华民族几千年的健康养生理念及其实践经验，是中国古代科学的瑰宝，也是打开中华文明宝库的钥匙。"如今，坚冰已经打破，航线已经开通，中国理应借诺奖东风，擦亮中华文化"名片"，让古老的中医药以崭新的形象走向世界。

屠呦呦演讲如下（有删节）：

尊敬的主席先生，尊敬的获奖者，女士们，先生们：

今天我极为荣幸能在卡罗琳医学院讲演，我报告的题目是：青蒿素——中医药给世界的一份礼物。

在报告之前，我首先要感谢诺贝尔奖评委会，诺贝尔奖基金会授予我2015年生理学或医学奖。这不仅是授予我个人的荣誉，也是对全体中国科学家团队的嘉奖和鼓励。在短短的几天里，我深深地感受到了瑞典人民的热情，在此我一并表示感谢。

谢谢William C. Campbell（威廉姆.坎贝尔）和Satoshi mura（大村智）二位刚刚所做的精彩报告。我现在要说的是四十年前，在艰苦的环境下，中国科学家努力奋斗从中医药中寻找抗疟新药的故事。

疟疾对于世界公共卫生依然是个严重挑战。WHO总干事陈冯富珍在谈到控制疟疾时有过这样的评价，在减少疟疾病例与死亡方面，全球范围内正在取得的成绩给我们留下了深刻印象。

虽然如此，据统计，全球97个国家与地区的33亿人口仍在遭遇疟疾的威胁，其中12亿人生活在高危区域，这些区域的患病率有可能高于1/1000。

2013年全球疟疾患者约为1.98亿万，疟疾导致的死亡人数约为58万，其中78%是5岁以下的儿童。90%的疟疾死亡病例发生在重灾区非洲。70%的非洲疟疾患者应用青蒿素复方药物治疗

（Artemisinin-based Combination Therapies, ACTs）。但是，得不到ACTs治疗的疟疾患儿，仍达5.6千万到6.9千万之多。

在大湄公河地区，包括柬埔寨、老挝、缅甸、泰国和越南，恶性疟原虫已经出现对于青蒿素的抗药性。在非洲少数地区也出现了抗药性。这些情况都是严重的警示。

世界卫生组织2011年遏制青蒿素抗药性的全球计划出台，目的是保护ACTs对于恶性疟疾的有效性。

为保护ACTs对于恶性疟疾的有效性，我诚挚希望全球抗疟工作者认真执行WHO遏制青蒿素抗药性的全球计划。

在结束之前，我想再谈一点中医药。

中国医药学是一个伟大宝库，应当努力发掘，加以提高。青蒿素正是从这一宝库中发掘出来的。通过抗疟药青蒿素的研究经历，深感中西医药各有所长，二者有机结合，优势互补，当具有更大的开发潜力和良好的发展前景。大自然给我们提供了大量的植物资源，医药学研究者可以从中开发新药。中医药从神农尝百草开始，在几千年的发展中积累了大量临床经验，对于自然资源的药用价值已经有所整理归纳。通过继承发扬，发掘提高，一定会有所发现，有所创新，从而造福人类。

最后，我想与各位分享一首我国唐代有名的诗篇，王之涣所写的"登鹳雀楼"：

白日依山尽，黄河入海流，欲穷千里目，更上一层楼。请各位有机会时更上一层楼，去领略中国文化的魅力，发现蕴涵于传统中医药中的宝藏！

谢谢大家！

屠呦呦全程中文演讲，讲述了发现青蒿素的艰难历程，诺贝尔奖委员会现场提供英文同声传译。诺贝尔生理学或医学奖评选委员会前秘书长扬·林斯滕说："中文完全不影响我切身感受屠呦呦的故事，演讲的配图和解释通俗易懂，她缜密结合了传统中医和现代药物学。我认为，中草药在未来新药发掘领域扮演着极其重要的角色，非常值得深入挖掘。"

"聆听"了屠呦呦的获奖感言，我们欣喜于她为中医正了名，感谢她向世界揭示了蕴含于传统中医药中的宝藏和展现了中国传统文化的魅力。那么，我们作为普通人如何在跨文化交际中做到这一点呢？事实上，中西医的差别很大程度上反映了中西方思维模式的差别，我们自己首先要认识到这种差别，然后要帮助外国人了解这种差别。成功的跨文化交际正是在互相了解的基础上做到互相理解和尊重才得以完成的。下面，让我们一起来了解中西方思维模式。

第一节　天人合一和天人相分

一、天人合一和天人相分思维模式

韩俊、李尚明（2006）认为，古代中国属于封闭性的大陆型农业社会。中国地处温带，土壤肥沃，雨水充沛，广大农民"靠天吃饭"，对大自然有天然的亲近、依赖之感。所以，中国文化从一开始就体现出人与自然的统一。所谓"顺乎天而应乎人。"老子主张："道法自然"，人生追求的目的不是认识和征服自然，而是泛爱万物。因此，中国人富有人情味，寻求人与人之间的和谐相处（即前一章讲述的集体主义文化维度），赋万物以情，寻求人与自然的沟通。庄子《齐物论》

说："天地与我并生，而万物与我为一。"孟子更认为："顺天者存，逆天者亡。"荀子的"明于天人之分"，也是因为"人人相参"。儒家的道德原则也是"顺应于天"。程朱由"天理"指向"人性"，有"性即理"的论断。陆王则由人性推向天理，有"心即理"的主张。议论虽殊，只是取舍不同，"天"与"人"相应的观点如出一辙。中国文化是把"天"与"人"合起来看的，认为"天命"就表露在"人生"上，离开"人生"也就无从来讲"天命"；离开"天命"也就无从来讲"人生"。中国古人认为，一切人文演进都顺从天道而来，违背了天命，即无人文可言。因此，中国文化要求生活中的每件事都要符合"天意"，对自然界的索取比较少，更强调与自然和谐相处。

与中国传统文化相比较，西方强调"个体本位，征服自然"，在人与自然、人与社会的关系上，强调人与自然的分离、人与社会的分离，相对中国的"天人合一"而言可称之为"天人相分"。西方文化的源头在古希腊。古希腊文明诞生于东地中海一带的岛屿和岸边。那里多石少土，土地贫瘠，植被不丰，大自然没给人类提供丰饶的农耕条件，却给人类提出了与惊涛骇浪打交道的要求。许多希腊人以采矿、捕鱼、经商和海运为业，在与大自然的搏斗中求生存、求发展。这就形成了人与自然的对立意识。对古希腊人来说，大自然是需待征服、需待驾驭的对象。在人与自然的关系上，西方文化主要用主客二分式来处理，以人为主体来认识客观自然世界的本来面目和客观规律，从而征服自然，使自然为人服务。亚里士多德在《形而上学》一书的开始就说："求知是人的本性。"黑格尔也说过："希腊人处处都要求对于自然的东西有一种明白的表示和解释。"这种人与自然分离的精神到了近代有了更大的张扬。培根提出了著名的"知识就是力量"的口号，认为人们追求知识的目的就是为了在行动中支配自然。到了费希特更是将人与自然分离的精神张扬到了极致，他主张：人们生存的目的就是行动、实践，从能动的自我去克服"非我"的限制和阻碍。在人与社会（包括人与人）的关系上，西方文化强调"个体自由本位"（即前一章讲述的西方个体主义文化模式）。

张志雄、殷淼（2007）认为，天人合一和天人相分的不同是中西思维模式的不同：

西方哲学"天人相分"观点的实质是以中国的文明及其发展历程为原点，用"天人合一"思维模式作为坐标轴，建立认识的坐标系，去描绘西方人的"思维模式"的坐标。换一句话说，"天人相分"的思维模式是相对"天人合一"思维模式而言的，是建立在中国人对中西思维模式这一整体认识的框架上的。

在限定考察对象以后，研究方法上一般讲究主次，特别是在进行比较的时候，人们往往会抓住双方的主要特点进行分析、对比，否则，就会无所适从。中国历史上，"天人合一"和"天人相分"的观念是并存的，但前者是主流，并被理解为中国传统思想文化的主线。同样的道理，我们说西方人推崇"天人相分"，并不是说他们的思维中就没有"天人合一"，只不过前者是主流。

"天人合一"讲究主客体兼容，人与自然的整体合一是其基点，并逐渐发展到人与他人、人与自我、人与社会的和谐统一。在这种思维模式下，中国人不但将人类与自然界看作一个和谐的统一体，而且经常把自然观和社会伦理观联系在一起，中国独具特色的中医理论及其运用就是这种思维模式完美的现实体现。"天人合一"所蕴涵的这种整体思维模式是中国人注重和推崇的。

Samovar（2001）认为，东方（包括中国）的思维模式是一元论的和直觉性的，是综合的和感性的，这种思维模式把世界看作一个整体，即天人是合一的，人和神是合一的，或者说是可以互相转换的，直觉性思维强调直觉超越一切理性的数据和思考。西方的思维模式是二元论的和机械论的，是分析的和理性的，神（天）与人是相分的，宗教与科学是截然分开的，强调逻辑思维，注重科学仪器。机械论强调智慧和理性高于一切，在西方文化中居于正统地位并得到广泛认可。

俞蕾、韩亚文（2005）认为："综合思维是指在思想上将对象的各个部分联合为整体，将它的各种属性、方面、联系等结合起来。而分析思维是指在思想上将一个完整的对象分解为各个组成部分，或者将它的各种属性、方面、联系等区分开来。任何一个民族的思维方式都不可能只有分析型思维而无综合型思维，或只有综合型思维而无分析型思维。

中国人之所以偏好综合型思维方式，其源于中国的哲学思想。对于中国传统哲学来说，始终追求的是人与人、人与自然的和谐，坚持以'人与万物为一体'，以'天人合一'为最高境界，对事物不甚讲究分析。其结果是'天地虽大，其化均也；万物虽多，其治一也'，致使中华民族的思维方式表现出习惯于从总体上观察事物的特征，即把天地宇宙看作一个整体，从全局的观点进行综合研究。

　　而西方人却相反，他们偏好的是分析型思维方式。在西方哲学中，始终认为的是自然宇宙是人类的认知对象，人和自然这两者是永恒处于矛盾对立的，而人类的根本任务就是认识宇宙、征服自然和与自然作斗争，从斗争中顽强求生存。这种哲学观指导下所形成的认知论特别发达，其采用的思维方式开始也是从整体观念出发的综合型思维方式。但文艺复兴以后，由于自然科学各门学科的逐渐分化，物理、化学、天文、医学等相继成为独立的学科，分析法开始大行其道。而科学的分类和研究，有利于对事物本质的深入透彻揭示，从而把握其规律。在这一过程中，分析思维法对近代科学的建立和发展起到了不可磨灭的作用。

　　对于中国人偏好综合型思维的特点，可以从中国传统文化中的中医、京剧和国画三大国粹的特征中略窥一斑。在传统的中医学理论中，人体被认为是各部分器官有机联系起来的一个整体，并被以阴阳五行学说来说明五脏之间的相互依存、相互制约的关系，这就是一种综合思维。著名的《黄帝内经》就是以综合为特征的，其辨证施治的整体观念至今有效。再从京剧来看，京剧作为中国戏剧艺术的结晶和典型，其表演特征就是一种综合化的表演，它讲究唱、念、作、打。唱、念、作、打，实际上就是四种艺术的综合。而西方就没有类似中国京剧那样的综合性的剧种。言及国画，乃中国绘画艺术的精华，画卷中不仅有图画，而且常配有诗词、书法、篆刻等多种内容，这实际上也是中国人综合思维习惯的一种流露。而在西洋画中，绝无诗、书法、篆刻等，最多也只是有作者的签名。这就是中西方的根本不同和差异之处。"

二、天人合一和天人相分在中西文化中的体现

1. 中医和西医

任何贬低和抹黑中医的人,都不懂得,与天人合一和天人相分思维模式相联系的,是中医和西医两种不同的医学文化。中医和西医两者只是不同,并没有先进和落后之分,正如Fisher和Luyster (1991)所说:"我们用来拓展认知领域的理性思维或科学仪器,并不能用来验证直觉性的思维是否正确,直觉性思维毕竟是与逻辑思维完全不同的一种思维方式。"所以,屠呦呦才会说:"通过抗疟药青蒿素的研究经历,深感中西医药各有所长,二者有机结合,优势互补,当具有更大的开发潜力和良好的发展前景。"

余谋昌 (2012)认为,中医立足于"天人合一"、人与自然和谐的生命整体性思维,中医认为人类正常的生命活动和人体健康是阴阳保持平衡、协调与和谐的结果,生病是阴阳不平衡、不协调或不和谐的结果。分辨阴阳、辨证施治是中医诊治疾病的总纲,即通过阴阳互补、阴阳转化、阴阳调节,使人体重新实现阴阳平衡。这就是中医的理论基础《黄帝内经》所说的:"阴阳者,天地之道也,万物之纲纪,变化之父母,生杀之本始,神明之府也,治病必求其本。""观察阴阳而调之,以平为期。"

西医立足于笛卡儿哲学,"天人相分"的原则,依据机械论思维,认为"人体是机器,疾病是机器失灵,医生的任务是修理失灵的机器"。它按照还原论的方法把人体视作机器,从而将其分割成各种各样的部件。这种还原论的疾病观把疾病归

结为器官的病变和某一特定原因，医生的职责就是排除这一特定原因，并通过物理学或化学方法排除出了毛病的部件的机能故障，必要时用手术刀割掉生病的脏器。

中医药学旨在治"病的人"，因为人是有机整体，生病同整个人相关，而且人的病与生理、心理、环境等多种因素相关，故应遵循分辨阴阳这一中医诊治疾病的总纲，对于生病的人实行辨证施治。中医诊断重视望、闻、问、切，对病人的各种信息进行综合分析，以确认疾病的性质和程度；医生开的处方，无论是中成药还是汤剂，大部分是复方，一个处方有多种中药，一种中药又有多种成分，其药理和作用机制十分复杂。此外，各种中药来源的产地、生长年限、采收加工、炮制与贮存方式不同，其药理、药效亦不相同。因此，中医药具有多样性、整体性和模糊性的特点。虽然它可能疗效慢，但它旨在"治本"而不只是"治标"，即通过对人体的调理和综合施治使有机整体恢复健康，从根本上治愈疾病。

西医药学治"人的病"，按分析性思维，疾病发生在什么地方或哪一个器官出了故障，可以通过各种现代仪器检查和体液化验来作出准确的判断；然后为了消除眼见的和实在的人体确定部位的病变，就采用化学和物理方法治疗，以排除这个部位器官的故障，并选择有严格标准的药物来攻克这种病。因此，西药往往由单一或有限的几种化学元素或化合物组成，药物的有效成分要求一清二楚，药量准确无误，并以生化、生理和病理的准确实验数据为依据。也就是说，西医药学治人的病，是消除某一个器官的病灶，用精确测定化学成分的药物来解决单一的问题，具有单一性和精确性，它的疗效快，善于

"治标"，而不善于"治本"，即它对于由该部位引起的其他病变不能同时根治，甚至由于药物作用而导致其他病变。

思维方式的不同还和语言的表达不同密切相关，还是以中医和西医为例。刘炜、林文娟（2014）认为，中医术语的命名及其含义并不只是一个简单的医学概念，同时蕴藏着深厚的文化内涵。以"气"为例，在中医里，精、气、神可以统称为"气"。道家思想认为生命的本质是"气"的生化运动，"人以天地之气生"，"气者，人之根本也"。因此，中医认为治病的根本就是要"调气"，并以"热者寒之"、"寒者热之"、"虚者补之"、"实者泻之"等方法，使人体内部的阴阳之气得以协调平衡，运行正常。儒、道、佛是中国传统文化的三大支柱。三家的思想、学说在中医的术语表达中可谓无处不在，仅在中医方名中就可见一斑。据统计《中医方剂大辞典》中以"和"字为首的方名就有298个，诸如"和中、和气、和血、和胃、和胎、和解"等等不胜枚举，这些术语名称都体现出儒家的"中和"思想和思维方式。儒家提倡的是和谐中正的"中道哲学"，因此，中医学的许多概念和术语都与其"中和"、"仁和"的思想有着很深的文化渊源。"无极丹、太极丸、太乙膏、混元散、还阳保真汤"等是和道家密切联系的方剂名。道家的思想理论，尤其是在天人合一、养气修身方面，与中医思想息息相通。特别值得一提的是道家方士的炼丹术推动了中医制药发展和药物化学的实践应用，也因此产生了很多反映其元、真、无极、太极、太乙等哲学概念的中医术语。佛教主张慈悲为本，普济众生。观音菩萨是救济世人的神灵，于是中医的方剂就有了"观音散"、"救苦丹"等术语。而像

"佛手散、卧佛汤、金刚丸"等方剂术语显然带有深刻的佛教痕迹，反映出与佛教精神不可割裂的文化渊源。

西医术语的一个显著特点就是绝大多数都含有希腊或拉丁词素，在术语的命名上具有很强的灵活性和可塑性，同时也反映出了西医学文化中具备的典型的理性思维特征。西医术语主要是以英语为主。许多医学英语术语存在"一词三式"的现象也是形象反映其文化渊源的一个佐证。也就是说，在西医术语中，一个医学词汇有英语、希腊和拉丁三个来源，一个英语词汇分别对应希腊和拉丁来源的两个构词型。例如："心"的一词三式分别是：heart（英语）、cor-（拉丁源构词型）和cardio-（希腊源构词型）。

十九大报告指出："人民健康是民族昌盛和国家富强的重要标志。要坚持中西医并重，传承发展中医药事业。"为此，了解中医文化和西医文化是两种不同的思维模式是十分必要的，李李、陈涤平（2008）认为，中西医是当今世界并存的两大医学体系，二者经历了完全不同的发展过程，形成各自的思维方式。中医属于"见微知著"的宏观整体医学；西医主要依靠"见著知微"的还原论，以逻辑思维作为其主要思维方式。但是，随着近现代我国教育模式的西化，学生从小接受西方的科学教育，大多数人已形成了固定的还原式思维模式，对中医学的思维方式接受起来较为困难。特别是现在西医的新设备、新技术层出不穷，使西医医疗环境大为改善，很多人开始认为中医诊疗手段已远远落后，已不适应现代社会医疗的发展，对中医信心不足。因而振兴、普及中医的关键应从加强中医教育开始，而培养优秀的'铁杆'杏林学子乃高等中医教育的当务之急，要完成此项任务的前提是：高等中医教育者必须牢固确立并坚守中医思维，培养中医大学生必须首先培养中医思维。

2.国画和油画

中国画，简称国画，是东方绘画体系的主流。中国画的重要特点一个是体现在工具材料上，一般采用中国特制的毛笔、墨和中国画颜料，在宣纸或绢帛上作画；另一个重要特点，是在构图方法上不受焦点透视的束缚，多采用散点透视法（即可移动的远近法），使得视野宽广辽阔，构图灵活自由，冲破了时间与空间的局限，形成了具有中华民族悠久的传统文化和丰富美学思想的独特的内容美和形式美。

油画是西方绘画体系的主流。油画的重要特点一个是以油剂调和颜料，在亚麻布、纸板或木板上进行制作。另一个重要特点，是油画颜料不透明，覆盖力强，所以绘画时可以由深到浅，逐层覆盖，使绘画产生立体感，构图上采用焦点透视，使得绘画具有写实性、再现性的特点，画面受时间与空间的局限，形成了具有西方民族特点的美学思想。（杨雪，2008）

换句话说，中国绘画注重表现与写意，即强调感性；而西方绘画注重再现与写实，即强调理性。传统中国绘画追求创作的意境，不固定在一个立脚点作画，把人引入的空间无限的大，空灵感特别的强，把人带入了作者创作的意象空间。而传统西方绘画在这方面却恰恰不同，画家理智地进行构图，以透视法为主线，表现近大远小焦点透视，使它成为最有效的表现方式，作品呈现出来的空间范围是有限的，而且还是有型的立体感呈现在观众的面前，给人想象的空间也很狭小，但是会给人一种很真实的感觉。（陈彦峰，2016）

从透视的角度来看，画家在作画的时候，把客观物象在平面上正确地表现出来，使它们具有立体感和远近空间感，这种方法叫透视法。因为透视现象是近大远小的，所以也称为"远近法"。油画一般采用"焦点透视"，它就象照相一样，观察者固定在一个立足点上，把能摄入镜头的物象如实地照下来，因为受空间的限制，视域以外的东西就不能摄入了。达·芬奇的《最后的晚餐》，即是焦点透视的典范之作，在平面上创造了三维空间。如果没有焦点透视法就没有西方的写实性绘画。

国画的透视法则不同，画家观察点不是固定在一个地方，也不受视域的限制，而是根据需要，移动着立足点进行观察，凡各个不同立足点上所看到的东西，都可组织进自己的画面上来。这种透视方法，叫做"散点透视"。中国山水画能够表现"咫尺千里"的辽阔境界，正是运用这种独特的透视法的结果。故而，只有采用中国绘画的"散点透视"原理，艺术家才可以创作出数十米、百米以上的长卷，如《清明上河图》《江山万里图》《韩熙载夜宴图》，而如采用油画中"焦点透视法"就无法达到。

国画和油画之所以有以上特点，是和中国与西方的思维模式分不开的（陈征，2011）：中国古人朴素的自然观造就的思维模式就是"天人合一"，是主观、感性的看待自然。他们崇尚自然，以自然为美，注重人与自然的和谐统一。中国的早期绘画中以山水画与花鸟画为主，在其中融入画家的情感，展现超越表象的自然，并将山水赋予人的性情。北宋中期卓越的画家郭熙在《山水训》中写道："春山澹冶而如笑，夏山苍翠而如滴，秋山明净而如妆，冬山惨淡而入睡"。画家们寄情于山水，体察山水的性情，追求师法自然的内在气质。中国山水的画写生法则为："远山取其势，近山取其质"，这一法则已超越了焦点透视所带来的种种限制，使画家在表现上更能把握自然山水的内在精神风貌。因此，中国画并不被自然的外在形态所束缚，是一种沟通人与自然及社会、关照心灵及精神的艺术。

中国人的传统思维还重视生活中的实践应用。他们更多的是研究事情的解决办法。研究的主要对象是人，思考的问题是"怎么办"，作为个体的人应该如何生活，作为群体的人应该如何相处。在这方面中国古代研究之深刻在世界文化中是无与伦比的。中国人的思维方式体现在绘画中是则是主观的、感性的看待世界，绘画上以意境和传神为最高境界。

西方人的思维模式是以"天人相分"的态度客观地认识自然、研究自然和揭示自然规律，用理性的分析表现自然的外在形态与特征。文艺复兴时期的画家达·芬奇在《笔记》中这样写道："如果诗人通过耳朵来服务于知解力，画家就通过眼睛来服务于知解力，而眼睛是高贵的感官。"画家们是用理性的眼光观察自然，更准确、更真实地表现客观对象。

西方人的传统思维是重视理性思辨的逻辑思维。他们更多的是研究事物形成的原因。研究的对象主要是外部世界，思考的问题是"为什么"。因此西方传统思维注重具体，擅长以理性思辨的思维方式建构体系。所以建构了几何学、逻辑学、哲学、物理、化学等科学体系。在绘画艺术上则是客观地、理性地描绘世界，以透视学、解剖学等为绘画的基本依据。

3.中西方古典园林

黄祥集（2012）把中西方古典园林的特点概括为：中国

园林基本上是写意的、重自然、重情感、重想象、重联想，重"言有尽而意无穷"、"言在此而意在彼"的韵味；而西方园林基本上是写实的、理性的、客观的，重图形、重人工、重秩序、重规律，以一种天生的对理性思考的崇尚而把园林也纳入到严谨、认真、仔细的科学范畴。

第一，从造园风格的角度看，中国园林是一种自然山水式园林，是风景式园林的典型，将人工美和自然美巧妙地相结合。这种"师法自然"的造园艺术，体现了人的自然化和自然的人化，使中国园林属于写情的自然山水型。它以自然界的山水为蓝本，建筑环境把自然界的景物荟萃一处，以此借景生情，托物言志。中国古典园林将端庄、含蓄、幽静、雅致等中华民族的性格和文化表现了出来，它使人领略多种风情。乡土材料的精工细做，园林景观的意境表现，是中国古典园林的主要特色之一。中国古典园林强调"虽由人做，宛自天开"，强调"源于自然而高于自然"，强调人对自然的认识和感受。中国古典园林造景都非常注重小气候条件的改善，营造更加舒适宜人的环境，如山水的布局、植物的种植、亭廊的构建等，无不以光影、气流、温度等人体舒适性的影响因子为依据，形成舒适宜人居住和生活的理想环境。常常用山水诗、山水画寄情山水，表达追求超脱与自然协调共生的思想和意境，使园林的构成要素富于内涵和景观厚度，遵循画理、画法造园。园中园式的空间布局原则常常将形成空间的诸要素糅合在一起，参差交错、互相掩映，以形成丰富得似乎没有尽头的景观，突出地抒发了中华民族对于自然和美好生活环境的向往与热爱。

西方古典园林是严谨的几何规整式园林，是规则式古典园林。花园多采取几何对称布局和构图，有明确的中轴线，运用数学比例进行设计。在轴线高处的起点上常布置着体量高大、严谨对称的建筑物，建筑物控制着轴线，花园从属于建筑。地毯式的花圃草地、笔直的林荫路、整齐的水池、华丽的喷泉和雕像、排成行的树木（或修剪成一定造型的绿篱）、壮丽的建筑物等，满足其追求排场或举行盛大宴会、舞会的需要。

第二，从审美思想的角度看，西方园林所体现的是人工美，不仅布局对称、规则、严谨，就连花草都修整得方方正正，从而呈现出一种几何图案美，西方造园主要是立足于用人工方法改变其自然状态。中国园林是山环水抱，曲折蜿蜒，不仅花草树木任自然之原貌，即使人工建筑也尽量顺应自然而参差错落，力求与自然融合。西方美学著作中认为自然美本身并不具备独立的审美意义，非经过人工的改造，便达不到完美的境地。中国人主要是寻求自然界中能与人的审美心情相契合并能引起共鸣的某些方面。中国人的自然审美观的确立大约可追溯到魏晋南北朝时期，特定的历史条件迫使士大夫阶层淡漠政治而遨游山林并寄情山水间，于是便借"情"作为中介而体验湖光山色中蕴涵的极其丰富的自然美。中国园林属于自然山水园，是在深切领悟自然美的基础上加以萃取、抽象、概括、典型化。西方造园的美学思想人化自然，而中国则是自然拟人化。中国古典园林主要以曲线为主，内向性写意。园林的叠山理水，要达到虽由人作，宛若天成的境界，模山范水，取局部之景而非缩小。诗情画意就是园林设计思想的主流，使山、池、房屋、假山的设置排布，有开有合，互相穿插，达到移步换景的效果。意境往往以构景、命名、楹联、题额和花木等来表达。

　　西方造园虽不乏诗意，但刻意追求的却是形式美；中国造园虽也重视形式，但倾心追求的却是意境美。西方人认为自然美有缺陷，追求达到艺术美的高度，也就是一种形式美。古希腊哲学家毕达哥拉斯就从数的角度来探求和谐，并提出了黄金率。罗马时期的维特鲁威也提到了比例、均衡等问题，提出"比例是美的外貌，是组合细部时适度的关系"。而黑格尔则以"抽象形式的外在美"为命题，对整齐一律、平衡对称、符合规律、和谐等形美法则作抽象、概括。欧洲几何图案形式的园林风格正是在这种"唯理"美学思想的影响下形成的。于是形式美的法则就有了相当的普遍性。西方园林那种轴线对称、均衡的布局，精美的几何图案构图，强烈的韵律节奏感都明显地体现出对形式美的刻意追求。中国造园则注重"景"、"情"和诗情画意般的环境氛围即"意境"。中国古典园林由于诗人、画家的直接参与和经营，从一开始便带有诗情画意的浓厚感情色彩。"景无情不发，情无景不生"。绘画理论对于造园起了很多指导作用。画论所遵循的原则莫过于"外师造化，内发心源"。诗词也对中国造园艺术影响至深。诗对于造园的影响也是体现在"缘情"的一面。中国古代哲学"儒、道、佛"的重情义、尊崇自然、逃避现实和追求清静无为的思想汇合一起形成一种文人特有的恬静淡雅的趣味、浪漫飘逸的风度和朴实无华的气质和情操，这也就决定了中国造园的"重情"的美学思想。

　　西方园林主从分明，重点突出，各部分关系明确、肯定，边界和空间范围一目了然，给人以秩序井然和清晰明确的印象，追求的形式美显示出一种规律性和必然性。中国造园讲究的是含蓄、虚幻、含而不露、言外之意、弦外之音，使人们置身其内有扑朔迷离和不可穷尽的幻觉。一个好的园林，都必然会令人赏心悦目，西方园林给我们的感觉是悦目，而中国园林则意在赏心。

第三，从布局和建筑的角度看，中西方古典园林在总体布局上的最大区别，在于突出自然风景还是突出建筑。西方在平面构图上很强调园林中部的中轴线，园林内的林荫道、花坛、水池、喷泉、雕像、小建筑物、小广场、放射性的小路等都围绕着这根中轴线，建筑物控制着轴线，轴线控制着园林，因此建筑物也就控制着花园。中国的园林则不同。园林建筑既要满足游人观赏自然风景的需要，又要成为被观赏的自然景色中的一个内容。这也就是说，它们兼有观景与点景的双重功能。因此园林建筑要与山、水、植物很好地协调起来。

中国园林建筑中深刻浸润着中国的艺术审美情趣。苏州园林玲珑精致，咫尺之间变幻多重景观，园林中多处体现着虚实、区隔、藏露等，这些原则在中国山水画中都有体现。中国园林建筑体现了中国士大夫的思想追求和艺术情趣。中国园林建筑以木结构为主，宫殿的基座和普通房屋的墙则用夯土；西方园林建筑使用砖的技艺独步天下，欧洲园林建筑的材质则主要是石头。西方园林建筑的另一个特点是开放、轩敞、一览无余。这与中国围墙文化的封闭、内敛、深藏不露又形成鲜明的对比。西方园林建筑从正面一个方向即可获取主体印象，即使加上草坪、花园，也在开阔之处。中国的宫室建筑要在空中俯瞰的多维审视才可获取整体轮廓，此外大门口还要加上照壁，所以有"庭院深深深几许"的诗句。中国的园林建筑回环、繁复、曲折，绝没有西方的草坪、花园来得直接、简约、开敞。中国无论宫室还是园林，一律圈以围墙。西方建筑的围墙在若有若无之间，即使有，也不给人封闭、压抑的感觉。

中西方古典园林之所以有以上差异，其原因仍然可以从中西方思维模式中寻找。中国人的传统思维模式和哲学讲究事物的对立统一，强调天人合一、人与自然、人与人之间和谐的关系。而西方思维模式和哲学强调客观世界的独立性，主客观分离或曰天人相分。中国园林如同中国画，写意多于工笔，中国人讲究和谐，在造园中也讲究含蕴、深沉、虚幻，尤其是虚实互生，成为中国园林一大特色。西方园林方正严谨，直道轴线，一览无遗，遵循的是柏拉图及先验哲学和形而上学的美学思想，认为只有具体的图形才是美的，更大程度上体现了人类征服自然、改造自然的成就，人工雕琢过的自然散发着另一种美，一种被人类理想化了的美。这种美表现得直白，很显露。

中国传统文化主流是人与自然和谐，例如造园的要旨就是"借景"。明明是人工造山、造水、造园，却又要借花鸟虫鱼、奇山瘦水，制造出"宛若天开，浑如天成"之局面。尤其是江南园林，越是小园越讲究自然之美。即使皇家园林，亦比西方皇家园林有着更多闲情逸趣。在西方园林的发展中，我们可以看到从农业种植及灌溉发展到古希腊整理自然、使其秩序化，都是人对于自然的强制性的约束。西方园林一直强调着人与自然的抗争。西方文化思想的发展，是来自于人与自然分开去认识自然、去探索自然规律的。

4. 中西方古典音乐

卢笛（2010）从记谱法、音乐结构、音乐本体研究，以及节奏节拍四个方面对比了受中西方思维模式影响的中西方古典音乐：

第一，中西不同的记谱方法较突出地反映了中西思维方式的差异。概括说来，中国记谱法属于"模糊记谱"，充分体现了天人合一和直觉思维的特性，西方记谱法属于"精确记谱"，显然是天人相分和逻辑思维的成果。作为音乐文化传播的载体，中国历史上曾出现过多种记录音乐的方法，如文字谱、声曲折、减字谱、律吕字谱、工尺谱等，这些记谱法大都是以文字记谱的方式为主，属于非定量谱法。此外，中国传统记谱法还有一个特点，就是记谱时只记音高不记节奏或粗略的记节奏，就像中国水墨画不必将自然的一草一木亭台楼阁都精确地按照透视方法重现于画面一样，在中国古典音乐的乐谱中，也不讲求刻板精微地将所有乐音的时值一丝不苟地再现于纸面。这种方式的记谱给中国音乐带来不确定、自由灵活的特点。只要能表达出音乐的神韵和意境，至于乐音的时值是长一分还是短一分就不那么重要了。而且，非定量记谱由于没有严格的规定性反而赋予了二度创作的表演者相当大的自由解释权，更有机会发挥个人艺术才能。因此，"据谱即兴"便成了中国古典音乐表演典型的操作方式。一首作品流传到后世往往会产生多个版本、多种演奏流派和风格，同一表演者也会由于即兴创作的缘故而出现每次表演不一样的情况。

西方五线谱记谱法经过漫长的发展历程，到18世纪完全成型，并逐渐传播到世界各国被广泛使用。五线谱属于定量记谱法，是逻辑思维的产物，作曲家谱曲时，乐音的高低、节奏的长短、和声的配置等都需要精确细致、分毫不差的在谱面上谱写。表演者表演时要十分尊重作曲家的原创，按照乐谱忠实、准确地再现作曲家的意图，相反表演者自身进行二度创作的权限则较为有限。因此，作曲家在西方有着崇高的地位，而中国古典音乐较为看重表演者二度创编的作用。

第二，从音乐结构的角度看，深受直觉思维的影响，中国古典音乐作品的曲式结构崇尚"忘形"，追求"神似"而非"形似"，音乐结构的布局较随意、松散、自由，各段落之间没有明显的界线，音乐的发展不受逻辑的限制，主要根据情感和意境的表现需要来安排音乐素材，体现了轻格式、重神韵的特点。以汉魏时期的琴歌《胡笳十八拍》为例，其音乐变生方式更具有随意、模糊和带潜意识的特点。它可以完全不顾原来第一拍音乐材料的陈述顺序，不同段落的音乐可以根据情绪变化从任意一个材料始，它们一直在随着叙事内容的进展而不断调整、更新着音乐语言的语气、语态。

和中国音乐相比，在逻辑思维作用下，西方音乐显然要"重形"的多，音乐家们精心设计出乐段、单（复）二段式、单（复）三段式、变奏曲式、回旋曲式、奏鸣曲式等多种不同规格和类型的音乐结构。除了具备严密的结构外形，大部分西方音乐作品还具有极富逻辑推理性的音乐发展，以奏鸣曲式来看，它的呈示部、展开部、再现部三大部分的音乐思维是基于欧洲形式逻辑的"三段论"：呈示部的主部主题与副部主题是联系在同一概念下的两个前提，展开部是主题的演绎推理，再现部则是结论。西方音乐中最复杂的复调音乐形式——赋格曲，它的创作也是按照严谨的音乐对位法，以主题、答题、对题的形式展开逻辑的演绎。总之，西方音乐的各种体裁、各种结构及其内部各种因素（动机、乐汇、主题）的概念界定都给人以相对的精确感，音乐主题和各种感情发展都有一定的逻辑性。

第三，从音乐本体研究的角度看，中国古代文献中关于音乐本体研究的专著很少，多把音乐与历史、社会、文化环境联系在一起综合描述。另外，受到天人合一和直觉思维影响，中国古人在描述具体的音乐特征时，主要是从感性层面上来谈对音乐的大致感受，语言表达常采用文学修辞手法，让读者通过类比、想象，自己去揣摩和体会，比如明·王世贞《曲藻·序》称："北（曲）主劲切雄丽，南（曲）主轻峭柔远"；明·徐上瀛《溪山琴况》称："欲得其清调者，必以贞、静、宏、远为度，然后按以气候，从容婉转。"至于怎样才算"劲切雄丽"、"轻峭柔远"、"贞静宏远"，具体要用何种音乐要素和表现手法则不得而知，只能靠直觉去心领神会。所以，理解中国古典音乐很讲究"悟性"。

和中国缺少音乐本体研究的情况相反，西方音乐在这方面有着悠久的传统，产生了诸如和声、曲式、复调、配器等多种专门研究音乐本体的学科，研究一首音乐作品时，往往从旋律、节奏、和声、调式调性、织体、曲式结构、音列特征等各方面，甚至具体到一个个的乐音，都进行精确而严密的分析。西方在音乐本体研究上，程度之精深，角度之精细，方法之严格精密，都充分体现了天人相分和逻辑思维的特性。

第四，从节奏节拍的角度看，中国传统音乐是以单声部音乐为特色，注重单声部横向旋律线的发展，是一种"线性"

音乐；西方传统音乐则以多声部音乐为特色，注重各声部之间纵向的和声关系，是一种"几何立体"型音乐。有这样的差异是多种原因造成的，中西方不同的思维方式是其中的重要原因之一。中国人偏爱直觉思维，用心灵和生命感悟世界、体验宇宙有机体生生不息的生命脉动，因而中国音乐的旋律线条不是西方几何学意义上的静态的线条，而是能给欣赏者提供以极大直觉体验空间的"气韵生动"的线条。"线性"音乐是一种极具时间流动感和生命律动感的艺术形态，它以蜿蜒游动、波折起伏的旋线条为音乐造型手段，营造出或单纯婉曲，或空灵飘逸，或深邃渺远的极富美感和神韵的声音艺术。

西方音乐虽经历了单声音乐的发展阶段，但并未像中国音乐那样一直运用单声织体并将其发挥到极致，而是由于偏爱抽象思维和数理逻辑，建构了以和声、复调、织体为表现手段的复杂的多声音乐，按照音乐上的数理逻辑法则，把数个声部组合、编配在一起，形成一种网状交叉、纵横交错的"几何立体型"音乐。在这座立体化音乐大厦中，能够制造出层次丰富、音色丰满、气势磅礴、恢宏壮丽的音响效果。

第二节　天人合一和社会主义核心价值观

中国共产党提出建设社会主义核心价值观体系，有其深刻的时代背景：中国正在快速崛起，一些西方国家总是把中国的发展认为是对西方的价值理念、制度模式的挑战，加大了对中国意识形态的渗透。因此，只有经济、科技、军事等硬实力的增强还远远不够，必须发展出能为全民所认同和接受的价值体系，凝聚民心、维护国家和民族的利益。富强、民主、文明、和谐的国家价值观的实现，依赖于社会层面和个人层面的价值追求。它需要以自由、平等、公正、法治的价值追求为支撑，需要爱国、敬业、诚信、友善的价值准则为依托。国家梦、民族梦只有同社会、个人的价值追求紧密结合起来，与每个人的理想奋斗有机融合起来，梦想才有生命，梦想才有根基；同样，只有我们每个人都把自己的人生理想与价值追求，融入为实现社会进步和国家繁荣昌盛而不懈奋斗的滔滔洪流，才会实现自己的个人理想和人生价值。

因此，社会主义核心价值观是和每一个中国人密不可分的。吴得福（2015）认为，"天人合一"的思想始终坚持将人放置于整个社会去思考，而我们当然有必要以"天人合一"为视角，从人和社会发展的角度看待社会主义核心价值观的意义，以及从社会主义核心价值观本身的内涵，分析社会发展中人的意义究竟如何。一方面，从每个个体的角度看，"富强、民主、文明、和谐、自由、平等、公正、法治"是个体努力追求和需要建制的理想的外部环境，也是对中国几千年儒家思想"中""和"以及"德""法"的高度概括。春秋战国时期的孔子周游诸国，大力倡导仁学思想，坚持恢复周礼，就是因为看到了殷商周时期天、人的某种道德贯通性，看到了人应该具有的道德的价值，也预测了以鲁国为代表的国将不国、人将不人的现实混乱，明白只有努力扭转社会风气，个人才能很好的发展。所以，子曰："人而不仁，如礼何？人而不仁，如乐何？"礼、乐的意义究竟何在？正如朱子在其《四书章句集注》中所言："礼乐待人而后行，苟非其人，则虽玉帛交错，钟鼓铿锵，亦将如之何哉？"外部的环境，纵然是玉帛交错，钟鼓铿锵，人如果没有了讲道德、尊道德、守道德，追求崇高境界的意识，那么人心也是死的。人心如果死了，再去谈论国家的富强、社会的文明以及个人的长足发展，都是虚妄的，人才是社会发展的核心。儒家文化中所谓的"法"，有两方面含义：其一，是效法之意，正如老子所言的"人法地，地法天，天法道，道法自然"中"法"之意；其二，是规制之意，更多的是韩非子等法家思想热衷的"刑名法术之学"中所提倡的法，这两层意义和"德"更多的是杂糅不可分离。恰恰因为这样的"杂糅"，体现的是中西文化中一个重要的差异，即中国文化强调主客体关系是较为模糊的，物、我更多的是和合的关系，而西方更多地坚持主客分离，强调物为我所用。我们现在所提倡的"法治"，更多是从规章制度的约束层面理解，是与"自由"互补、与"德治"互补的关系。"法治"不仅具有一定的强制性，而且也在鼓励我们效法善的言行，效法中国文化中"中与和"、"德与礼"等。社会主义核心价值观中所言的"富强、民主、文明、和谐；自由、平等、公正、法治"，是以个体生活的理想的外部环境为思考对象，体现了一种传统与时代的结合。只有将中国传统文化精髓与新时期中国特色社会主义经济、社会的发展结合，才能真正实现文明、和谐基础上的富强、民主，也才能享受公平、法治基础上的自由、平等。所以，这一切最终都是落脚于每一个活生生的个体。只有个体的努力，才会使经济强盛、社会进步，才能让我们梦想成真，也才能真正做到更加有礼有法，最终达到人与社会的和谐共存。

　　另一方面，就社会层面来说，社会是由每一个个体组成，社会秩序得以有效、长久维护，起关键作用的不仅仅是社会财富聚了多少，规章制度定了多少，而是个体能否从自身真切做到"爱国、敬业、诚信、友善"，能否认识到个体离不开社会，自我始终要融入社会生活。在古代，从"天"慢慢褪去其"神"的外衣，有了一定的"德性"开始，中国人就意识到，只有每一个具体的实践（孔子所谓的"尽人事"），才能将自我的修身与齐家治国平天下等事功紧密联系。个体对外部环境的要求，实质上也是对自我的要求，"富强、民主、文明、和谐"要求我们做到爱国、敬业；"自由、平等、公正、法治"又需要我们懂诚信，知友善。这样的理解也绝非是从社会或国家层面的思考，而是从人出发，以每个个体的发展为基点，从历史与现实的角度去思考，这也是社会转型期寻找人与社会关系的最佳途径。社会主义核心价值观，是一组普适性的指导思想，也是凝练了中国数千年的文明，更是中国共产党成立之日起几辈人的奋斗史的沉淀，适合过去的中国，更对新时期中国特色社会主义中国的发展具有深刻的指导意义。

总之，天人合一和社会主义核心价值观的关系是，中国梦需要每个中国人的参与，正如习近平总书记所言："一种价值要真正发挥作用，必须融入社会生活，让人们在实践中感知它、领悟它。"所以，我们倡导富强、民主、文明、和谐，倡导自由、平等、公正、法治，倡导爱国、敬业、诚信、友善，都是从人的角度出发，尝试回答我们需要怎样努力才能做到人与社会的合一，回答社会发展中需要怎样的人去融入其里。总之，社会主义核心价值观，以人为基点，以整个社会为视野，从社会与人的关系的探讨为出发点，承载着我们每一个人的美好愿景。

第五章　中西语言交际和非语言交际对比

案例导读：中国人的气质西方人不懂

一百多年前，有一位名叫亚瑟·亨·史密斯（汉语名字：明恩溥）的美国传教士在他的《中国人的气质》一书中，在对汉语做了一番认真的分析研究之后，得出了汉语"会导致智力混沌"的结论。果真如此吗？请先看一下该书的摘抄：

我们把"智力混沌"作为中国人的性格特征之一来讨论，可我们并不希望人们产生这样的理解，即这是中国人特有的性格，或者说，所有的中国人都是这样。就整体而言，中华民族有足够的实力自立于世界民族之林，他们绝对不是一个智力低下的民族，也没有表现出任何智力衰退的趋势。与此同时又必须意识到，中国的教育被局限在一个非常狭隘的范围里，而那些没有接受到完备的教育、甚至根本没有接受到教育的人，便舒舒服服地躲在中国语言的构造中。这种语言结构，用律师的话来说就是一个"事前从犯"，它导致了最典型的智力混沌，可能会使那些教育程度不高的人犯下罪过。

正像如今一些人所知道的那样，中文的名词是没有词形变化的。它们完全没有"性"和"格"的变化。中文的形容词没有比较级。中文的动词也不受"语态"、"语气"、"时态"、"单复数"以及"人称"的限制。在名词、形容词和动词之间没有明显的区别，因为任何一个汉字都可以不加选择地用作每一种词类（或者说是非词类），而且不会出问题。

我们并不是在抱怨，中文无法表述人类的思想，也不是说，人类思想的很大一部分在中文里是很难或无法被清晰地传达出来（尽管有时的确如此），我们只是认为，有着这样一种结构的语言会导致"智力混沌"，就像夏天的暑热会让人昏昏欲睡一样。

与一个没有接受过教育的中国人交谈，最常有的一个感受就是，你非常难弄懂他究竟在说什么。他的话仅仅是一些谓语。这些谓语以一种复杂的方式组合在一起，整个就像是穆罕默德的棺材，悬在半空中，上不着天、下不着地。

在说话人看来，省去主语并没有多大关系。他是知道他在谈什么的，但他从没有想过，他的听者无论具有什么样的本能也无法理解主语这个传递信息的重要成分究竟是什么。值得注意的是，常年的实践把大多数中国人都训练成了猜谜专家，对那些常常被省略的主语和谓语稍加补充，他们就能弄清字词之外的附加含义了。

常常会出现这样的情况，整个句子中那个最重要的词被省略了，也完全找不到能引申出这个词来的线索。常常会这样，句子的形式、说话人的方式、说话人的声调以及谈话时的环境等都不曾暗示主语已经改变，可是你却突然发现，刚刚还在谈论自己的这位谈话者已经调换了话题，谈起了他生活在道光年间的祖父。他是怎么扯了那么远，又是怎么拉回来的，这都会常常构成一个难解的谜，但是我们每天都能看到这种技艺的表演。谈话中间突如其来的难以察觉的跳跃，没有事先的提示，从一个话题转向另一个话题，从一个人物转向另一个人物，从一个世纪转向另一个世纪。这对于一个中国人来说并没有任何惊异而言，就如同一个人所具有的这样一种能力，他正盯着窗玻璃上的一只昆虫看，与此同时，不需要调整视线，他还能看到远处山冈上同一水平线上的一群牛。

事实上，中文的动词没有时态，没有表示时间或地点变化的标记，这样的动词无助于廓清一个人固有的混沌感。在这种情况下，可怜的外国人希望至少能跟上那一连串转瞬即逝的思绪，他最好的选择就是不断地发问，就像边远地区的一个猎人在穿越密林时，用斧头在自己经过的树上砍出"记号"。"你现在说的这个人是谁？"这一点弄清楚之后，接下来可能还要问"这是在哪儿？""什么时候的事儿？""这个人干了什么？""他们做了什么事？""后来又发生了什么事？"每提一个问题，你是中国朋友都用一种困惑的或许是哀伤的眼神看着你，似乎在怀疑你的五种感官是不是分道扬镳了。但是，这些坚持不懈的追问会构成一个引导人们走出无望迷宫的阿里阿德涅线团。

一个善于观察的外国人随时随地都能遇见这样一些奇异特性的例证。有一个数词经常被使用，它是那些含混回答的恼人的附属物。这个数词既能表示疑问，意为"几个"，也可以表示肯定，意为"好几个"。你问一个人："你在这里待几天了？"他会回答："是的，我在这里待好几天了。"

在中文里所有那些含义模糊的词汇中，最为模糊的或许就是人称（或非人称）代词"ta"，这个代词不加区分地既指"他"和"她"，也指"它"。有的时候，说话者为了说明"他"指的是谁，就用手朝那个人的家所在的方向或是他刚刚出现过的地方含混地指一指。

然而更为常见的是，这个单音节"ta"无所不能，既能作为关系代词，也能作为指示代词，还能作为限定形容词。在这样一些情况下，一个中国人对于一场斗殴的描述，就会像是在英国法庭上一位证人的证词："他拿着一根棍，他也拿着一根棍。他打了他，他也打了他。如果他打他也像他打他一样狠的话，他就会杀了他，而不是他杀了他。"

对于以上摘抄的该书的观点，作为一个专门研究语言和文化的人，笔者是完全不能同意和接受的。原因就是：由于中国和西方文化模式不同、思维模式不同，汉语和西方的语言在结构上相差甚远，因此，一些西方人虽然能够学会汉语，但却不能和中国人进行有效的沟通，这样的事情是很常见的。反之亦然，一些中国人学习了英语，但却不能和外国人进行成功的沟通。这就是本书的意义所在。当我们意识到自己和他人的不同，我们在进行跨文化交际时就会小心谨慎地避免错误，而不是像那位美国传教士那样，匆忙地得出一个"汉语会导致智力混沌"的结论。我们已经学习了中西方文化模式和思维模式的不同，下面我们继续学习中西方语言交际和非语言交际的不同，看一看如何批驳那位美国传教士。

第一节　强语境和弱语境

Hall（1990）的强弱语境分类法，通过比较交际中的语言和语境的使用来比较文化的不同。Hall认为，语境就是围绕一个事件的信息，它与该事件的意义有密不可分的关系。

随着文化的不同，事件和语境中所有结合在一起的能产生意义的成分，在比例上也有所不同。世界各国的文化，尤其是东、西方文化，可以按照语境文化从强到弱的程度进行对比。在这个由强到弱逐渐变化的连续体上，强语境信息在一端，而弱语境信息在另一端。所谓强语境交际或信息，指大部分的信息存在于自然语境中或内化于交际双方的心中，而只有很少一部分信息是以明码（即通过听、说、读、写传递的语言代码）的和明了的方式传递给交际对方；而弱语境交际或信息正相反，大部分的信息必须由明码表达，以弥补语境知识的不足。

　　Hall强调，虽然没有一种文化在从强语境文化到弱语境文化的刻度表上完全占据一端，但是，一些文化确实相对于另一些文化来说是强语境文化或弱语境文化。他举例说，美国文化虽然不在最弱的一端，但是处在接近弱语境文化一端，比较语境文化而言，它比斯堪的纳维亚文化（北欧文化）还要强一些。和以上的西方国家相比，中国人属于强语境文化，但是比较语境文化而言，不如日本文化强。Hall指出，中国人在交际时，对语境的运用甚至延伸到书面语言中，比如，在字典中查一个中国字要首先知道偏旁和部首，要想表现出有文化修养就必须熟悉中国历史。此外，中国的拼字法还是一门艺术。就他所知，没有一个弱语境文化的交际系统的文字能是艺术，好的艺术总是属于强语境文化，不好的艺术属于弱语境文化。尽管Hall认为所有的文化中都有可能既包含强语境文化的特点，又包含弱语境文化的特点，但他还是按照强弱语境分类法把一些国家的主流文化进行了排序。

Hall对各国文化按照强弱语境分类法理论的排序：

强语境文化

日本文化

中国文化

韩国文化

非裔美国文化

土著美国文化

阿拉伯文化

希腊文化

拉丁美洲文化

意大利文化

英国文化

法国文化

美国文化

斯堪的纳维亚（北欧）文化

德国文化

德裔瑞士文化

弱语境文化

由于强、弱语境的分类和交际密切相关，而交际可以从是否使用语言的角度被分为语言交际和非语言交际，我们不妨从这两个角度总结强、弱语境文化的特点。

一、语言交际

语言和文化是密切不可分的，语言既反映文化、又受到文化的影响。从交际的角度看，强语境文化和弱语境文化的主要特点表现在语言交际上，因此，我们首先要总结根据Hall的强弱语境分类法描述的、受文化影响的两种不同的语言交际风格，它们是间接的语言表达方式和直接的语言表达方式。

属于强语境文化的人们倾向于使用间接的语言表达方式，即人们使用语言信息去伪装和隐藏其真实意图（Gudykunst & Ting-Toomey，1988）。间接的语言表达方式的特点如下：

①较少使用明了的语言表达信息。

②较多使用非语言编码，重要的信息往往通过语境信息来传达，这里的语境信息指时间、地点、场景和关系等。

③在语言交际中注重保持气氛的和谐和维护面子，如适当地保持沉默或倾向于使用简单和模糊的语言，讲话过多被认为是不成熟或缺乏知识。

④人们倾向于说话绕弯子，避免直接对别人说"不"。

⑤较之弱语境文化的人，更有能力明白非语言表达，人们理所应当地被认为共享某种知识，因此，应该知道在特定的语境里该做什么。

⑥使用螺旋式思维和表达方式。

⑦倾向于使用"感情"去表达思想。

⑧在交际时，对交际对方和场景从整体上作出反应。

属于弱语境文化的人们倾向于使用直接的语言表达方式，即在交际过程中人们的语言信息表达了其真实意图（Gudykunst & Ting-Toomey，1988）。直接的语言表达方式的特点如下：

① 不强调语境因素。

② 较少地使用非语言编码，重要的信息往往通过明了的语

言表达。

③ 在语言交际中，人们注重自我表现和清晰、流利的表达，同时，必须给对方提供足够的细节，沉默被认为是怀有敌意、缺乏自信或不礼貌。

④ 人们倾向于直接表达自己的观点，并说服别人接受自己的观点。

⑤ 较之强语境文化的人，不大能够明白非语言表达。

⑥ 使用直线式思维和表达方式。

⑦ 倾向于使用"逻辑"去表达思想。

⑧ 在交际时，只对交际对方的特定场景作出反应。

语言交际方式的不同是强、弱语境文化区别的主要方面。Hall总结说，在交际中，当属于弱语境文化的人们坚持给属于强语境文化的人们提供他们不需要的信息时，后者会感到不耐烦；反过来，当属于强语境文化的人们没有给属于弱语境文化的人提供足够的信息时，后者会感到不知所措或被慢待。在交际中最大的挑战就是在每个场景都能提供与之相符合的语境信息量。给人提供太多的信息会让对方有低人一等的感觉；给人提供太少的信息会让对方迷惑不解或感到自己被排除在谈话之外。人们在与属于本文化群体的人进行交际时，可以自动调整需要提供的语境信息量，但在进行跨文化交际时，却由于不熟悉对方的文化而往往不知如何是好。

属于强语境和弱语境文化的人在写作风格上也有所不同。属于强语境文化的人偏向于归纳性和充满诗情画意的写作风格，在论证时旁征博引、引经据典。而属于弱语境文化的人偏向于演绎性和具体的写作风格，在论证时注重细节。

在案例导读里美国传教士有一段话："在说话人看来，省去主语并没有多大关系。他是知道他在谈什么的，但他从没有想过，他的听者无论具有什么样的本能也无法理解主语这个传递信息的重要成分，究竟是什么。值得注意的是，常年的实践把大多数中国人都训练成了猜谜专家，对那些常常被省略的主语和谓语稍加补充，他们就能弄清字词之外的附加含义了。"现在，我们可以告诉这位传教士，中国人并非猜谜专家，只是因为中国人的语言交际属于强语境的范畴，中国人，尤其是互相熟悉的中国人之间有很多共享的语境信息，而属于弱语境交际范畴的西方人作为局外人并不共享这些信息，因此，当中国人在谈话时省略了这些语境信息时，外国人无论如何也猜不明白中国人在说什么。

此外，这位美国传教士还对汉语的语法颇多怨言，认为汉语名词没有"性"和"格"的变化，形容词没有比较级，动词不受语态、语气、时态、单复数、人称的限制，在名词、形容词和动词之间没有明显的区别等等。确实，和很多文化的拼音文字相比，汉语的语法规则要少很多，这也是汉语难学的原因之一。但是，这并不是说汉语没有规律可循，根据现代语言学的研究成果，汉语确实比拼音文字少很多规则或规律，但是，从语用学和跨文化交际学的角度来看，汉语语法上的不足，早已在语言交际的过程中，被语境信息弥补了。否则，如果汉语真是会导致智力混沌的语言的话，中华民族几千年的灿烂文化是哪里来的呢！

当然，案例导读当中还有一个例子，美国传教士迷惑于中国人常说的"几个"到底是多少。这种表达的确是比较"混沌", 或者说是不精确的。因为这是一百多年前的事, 当时的西方世界已经是工业化世界, 在时间和空间表达上已经精确到"秒"和"毫米", 但是, 中国在当时是落后的, 仍然用"时辰"和"里"作为计量单位, 而在有些地方的农村, "里"的长度也是不同的。但是, 众所周知, 现在的中国早已经是世界第二大经济体, 我们的语言, 在度量衡方面, 早已和世界接轨。

至于我们汉语在其他方面为什么不和世界接轨, 是因为语言和文化是相连的, 我们的文化没有变, 语言的核心当然也不会变。汉语和西方的语言永远会有差异。季羡林先生早就说过: "西方印欧语系的语言同中国的汉语不是一码事, 西方的基本思维模式是分析的, 而东方的, 其中当然包括中国的思维模式是综合的。表现在语言上, 就形成了西方与中国的语言差异, 在中国首先是汉语。"

在第四章里, 我们谈到思维模式和医学、绘画、园林、音乐等的关系, 显然, 思维模式和语言也有密切的关系。

肖华芝(2010)从词语、句法, 以及篇章结构三个方面对比了汉语和英语所反映的中西方思维模式的不同:

第一, 词语方面。

①动态性与静态性。在英汉互译的过程中, 有一种方法叫做词性转换, 这种词性转换与中西方的思维方式有着密切的联系。中国人的思维方式是动态地看待地球世界, 西方人的思维方式则是静态地看待地球世界。汉语中喜用动词, 其基本意思往往用动态方式表达, 动词在汉语表达中占有重要地位; 而英语句子的基本意义常常用静态方式表达, 英语的某个意思仅用

名词、介词、形容词、副词等及其短语就可完整表达。英语翻译成汉语时常将英语中名词、介词、形容词、副词等转译成汉语中含有动词的谓语结构。这种由静态转变成动态的过程能使译文更清晰的体现出汉语的动态特征。

例如：… and the island grew smaller and smaller，and the lank spire of smoke dwindled to a finer and finer line against the hot sunset. 小岛变得越来越小，岛上那股稀疏的、盘旋上升的烟雾，在火热的夕阳映照下缩小成了一条越来越细的丝线。

句中against the hot sunset 是一个含有介词的静态表达方式，从英语的行文上看，体现出了英语中静态的特点。但在译为汉语时，既要忠实于英语原文意思，又要兼顾汉语的思维表达习惯，将介词against 译为"映照"，这样译能如实地反映出汉语的动态特征，使一个抽象的虚词against在汉语中因借助动词"映照"而显得传神贴切，读者的脑海中浮现出夕阳映照大海的美丽画面。

②模糊性与精确性。中国文化中的模糊性思维方式与天人合一相一致，西方文化中的精确性思维方式与天人相分相一致。在对事物的认识方面，中国人极少像西方人那样先对其进行严格的定义和界说。汉语是一种强语境语言，汉语词语的确切含义只能通过具体语言环境、前后内容来把握。比如，汉语句子"你吃饭了吗"中的"饭"要根据语言环境才能判断出是"早饭"、"午饭"还是"晚饭"，汉语中用一个笼统的词"饭"来概括，英语中则没有与汉语"饭"的基本范畴相对应的单词，而是在此基本范畴的基础上进行更细致的划分，每一个次范畴有一个相对应的英语单词，即"早饭（breakfast）"、

"午饭（lunch）"还是"晚饭（dinner）"。再如："太远，我不去。"在不同的语境中可意会为："要是太远的话，我就不去（假设）"；"因为太远，所以我不去（因果）"；"只要太远，我就不去（条件）"。另外，汉语中不管是表示"主体拥有"还是"存在有"都用同一个词"有"来表示，如"你有钱吗"和"这儿有多少人"，而英语中则分"主体拥有（have）"和"存在有（there be）"。

③求同性与求异性。中国人求同，而西方人求异。中国人主张"天人合一"、"天人感应"，寻求人与自然同一、人与社会同一，崇尚和谐相处。中国人强调的是阴阳互补而不是对立，一阴一阳谓之道，讲求阴阳平衡，互不可缺。"万物负阴而抱阳，冲气以为和"。因此汉语中有很多以阴阳为序直接构成的词组，如好坏、对错、长短、生死、男女、老少和快慢等，这些词组体现了中国人求和谐、求同一的思维方式。西方人认为世界是二元的，是天人相分的，他们的语言思维特性是二项逻辑，其价值判断是双元的，强调非此即彼，即任何一件事不是good 就是bad，不是right 就是wrong，不是long 就是short，英语常常忽略中间的价值。

第二，句法方面。

①直觉性与逻辑性。汉语从总体上直觉而模糊地把握认识对象的内在本质，缺乏丰富的形态变化，句子一长就容易造成逻辑混乱。所以汉语只能化整为零，句子多短句、散句和流水句。如：老吾老，以及人之老；幼吾幼，以及人之幼；君君，臣臣，父父，子子。这样的句子结构没有西方文化中的逻辑性。因此，要理解句子的意思需要悟性，而悟性是直觉思维的

核心。西方逻辑思维的发展导致思维的公理化、形式化和符号化，重视语言分析（包括语法、语义和语用分析）。西方的理性主义就体现在英语的句子建构模式上。

②内向性与外向性。汉语的内向性思维注重事物自身，所有的思想都指向主题；英语的外向性思维注重思维发散，借主题展开思绪。英语句子的基本结构为主谓框架结构，且英语修饰语一般后置以便突出主谓。因此，呈句尾开放式的英语句子有着很强的后续语句的衍生潜势。而习惯内向性思维的中国人所使用的汉语句子中，每个部分之间往往没有表达逻辑关系的词语。汉语不具备屈折形态的变化机制，而且汉语句子按时间顺序铺排，修饰语一般必须前置，这些句法上的特点导致汉语句子扩展模式与英语恰恰相反，呈句首开放式。另外，由于汉语不存在主干结构，而英语句法主次分明，且一般先主后次，即新信息或附加信息一般放在句末，因此，在处理状语时，汉语一般放在句首，而英语一般放在主干之后。例如在表达因果关系时，一般情况下汉语为前因后果，而英语为前果后因。

第三，篇章结构方面。

①后馈性与超前性。中国人喜欢回首过去，表达具有后馈性，因为中国是一个有着五千年文化底蕴的国家，中国人以中华民族的悠久灿烂的历史文化为荣。所以，在阐述自己的观点时，喜欢引经据典，吟诗诵词。中国人认为这样的篇章风格是学识渊博的表示。西方国家则不同，以英国为例，它所追溯的历史年限不及中国一半，美国历史更短，这就造成了他们的表达方式具有超前性的特点，不喜欢引经据典，而是更愿意说出具有自己独创性的话语。

②意象性与实证性。汉语重比喻、象征、联想、类推等修辞手法，采用意象—联想—想象的过程来对事物进行描述，以形象生动的语言反映客观事物，注重对事物的总体把握。例如：公元1638年，明代大旅行家和地理学家徐霞客在考察黄果树瀑布后赞叹道："捣珠崩玉，飞沫反涌，如烟雾腾空，势甚雄伟；所谓'珠帘钩不卷，匹练挂遥峰'，俱不足以拟其壮也，高峻数倍者有之，而从无此阔而大者。"徐霞客运用形象的描写、生动的夸张和贴切的比喻，由远及近又由近而远，写来有声有色，把黄果树瀑布的雄伟气势和壮丽景象逐步地展现在读者眼前。

英语采用概念—判断—推理的逻辑论证，以直观、朴素、易懂的语言反映客观事物。西方人的思维讲求实证性、局部性和精确性。下面是一段介绍尼亚加拉瀑布的文章："I will not describe the beauty of the Falls, as such things are difficult to express in words. The beauty and majesty of the sight are truly breathtaking. It is divided into several separate waterfalls of which two are colossal … Went to the Three Sisters Islands … then across a marvelous, daring and beautiful bridge to the Canadian side … One feels dizzy when looking below … I changed into some very ugly clothing, descended in an elevator below the Falls and walked through a tunnel to finally stand right below the Falls … a little frightening. The Niagara, a river wider than the Volga, does battle against the rapids … I descended by cable railway and walked along the shore level with the roaring river."（我无法描绘这瀑布的美，像这样美的景象是很难用言语来表达的。美丽与威严的景象实在令人叹为观止。尼亚加

拉瀑布分为几个独立的瀑布，而其中两个是巨大的……来到三姐妹岛……然后经过雄伟、壮观的彩虹桥来到加拿大。俯视桥下会使人晕眩……我更换了几件难看的衣服，乘电梯来到了瀑布下，穿过一条隧道最后站到了瀑布的脚下……有点可怕。宽过伏尔加河的尼亚加拉河与激流进行着斗争……我搭乘缆索铁道，伴着河水的咆哮声，沿着河岸往下走。）这段对尼亚加拉瀑布的描写虽没有像汉语所描述的"飞流直下三千尺，疑是银河落九天"那么形象、生动，但却朴实、客观，向人们勾画了水势澎湃、声震如雷的自然奇景，虽然中国人可能会觉得有些过于平实、单调，但却符合欧洲人的思维方式。

中西方语言交际和思维模式的不同会反映在跨文化商务谈判中。张家瑞（2004）从谈判战略的差异、谈判方式的差异，以及谈判协议内容的差异三个方面对此进行了研究：

第一，谈判战略的差异。跨文化的谈判是一种全球性的活动。引导谈判导向以实现自己的预定目标，便是谈判者的战略。战略的选择取决于谈判者的思维方式。中国人在确立大方向和基本指标问题上，决不含糊，但对于具体的战术目标，则常常大而化之，以给日后的灵活操作留有伸缩的余地。这充分体现出中国人的综合型思维方式，考虑问题喜欢从整体上进行把握，但却往往忽视了细节。而西方人却宁愿在谈判时就将每一个细节上的关系弄明白，以确保日后运作的精确和效率。从这里我们可以清楚地看出西方人的分析型思维方式，考虑问题喜欢从细节上入手。

第二，谈判方式的差异。中国起始谈判方式是首先就有关合同双方所共同遵守的总体性原则和共同利益展开讨论。这种先就总体原则达成协议的谈判方式是中国的谈判方式最明显的特征之一，也是综合型思维方式的集中体现。对中国谈判者来讲，总的纲领是一切的核心，是其它原则的纲，纲举目张。总体原则一旦确定，其它问题就会迎刃而解。而且，对总体原则的措辞使对方让步成为可能。中方认为，具体细节的制定必须在总体原则制定后进行。而西方则相反，他们更重视细节，丝毫不把总体原则考虑在内，因此在谈判的起始阶段便从细节入手。这与西方人的分析型思维方式不谋而合。对西方人（尤其是美国人）而言，总体纲领好比哲理。而且，他们是实用主义者，认为世界是由事实而非概念构成的。他们的思维方式在谈判桌上的具体体现就是"直接"和"简明"。

第三，谈判协议的内容的差异。谈判协议，即是契约，是谈判的最终成果。一般而言，在中国的中西方合资企业签约时，西方人手里的文本通常有几百页之厚，中国人却可能只拿着不到10页纸。西方人要求印在契约上的每一个词都经过严格推敲，以确保在实际中的顺利运行。协议的签订，意味着谈判工作的完成，如何执行则属于技术问题。中国人则强调彼此间的信任，寄希望并依赖契约外的努力结果，签约并不等于谈判的全部完成，合作条件可以视运行状况通过重新谈判或其他途径改变。

二、非语言交际

"非语言交际，指那些不通过语言手段的交际，包括手势、身势、眼神、微笑、沉默、面部表情、服饰、体触、体距、对于时间和空间的利用等"（胡文仲，1999）。Hall曾谈及服饰的样式和多少在跨文化交际中的作用，比如，德国文化中

恰当的行为体现在得体而又保守的服装上。男士的职业装通常是这样的——刚刚熨好的深色西服，配以浅色衬衫和领带，深色鞋袜。在德国，对于举止和服装的保守态度是重要的，德国人像重视他们的房屋外观一样重视个人外表。西班牙人也把人的外表同其社会地位联系在一起，在西班牙，地位高的人在大热天里穿西装打领带不足为奇。

但是，强弱语境分类法中涉及的非语言交际，只有"对于时间和空间的利用"，它并不涉及非语言交际的重要组成部分——"体态语"。

Hall在探讨影响交际的时间和空间概念时，强调强、弱语境文化中的对时间和空间的概念会成为跨文化交际的障碍，任何对该问题的不重视都有可能导致给别人留下不好的印象。他把对时间和空间的利用分为两种，属于弱语境文化的单时制和属于强语境文化的多时制。之所以把时间和空间合在一起进行划分，是因为两者的功能是互相联系的。他举例说，"如果你不断被他人打断，你如何能赶在最后期限之前完成工作呢？如果你没有一个很好的与他人隔开的私人空间，你如何保证不被他人打断呢？"

Hall认为单时制和多时制体系就像油和水一样不能融合。所谓单时制，指一次只做一件事，而多时制，指一次可同时做多件事。在单时制文化里，时间被看作是一条直线，像一条从过去指向未来的路。时间被很自然地分割成若干小部分并高度组织化，所以人们必须一次只专注于做一件事情，人们的计划是神圣不可侵犯的，他们讨厌被人打扰。单时制还可能把需要单独工作的几个人与其他人分开，在这种意义上看，单时制像一个关门的房间，保证了人们的隐私权。在多时制文化里，可以多人同时参与几件事情，因此人们几乎没有"隐私权"的概念。人们强调交流甚于遵守时间表，多时制显得不如单时制清晰，在多时制文化里，时间只能被看做一点，而不能被比做一条直线。

Hall把单时制文化和多时制文化的特点进行了总结，现介绍如下。

属于强语境文化的人们往往也同时属于多时制系统，其特点为：

① 同时做许多事情。

② 容易分心和被人打断。

③ 如果可能的话，遵守时间和承诺（如工作日程和最后期限迫使其遵守）。

④ 从空间上看，人们的距离紧密，因此人际关系非常重要，人们对他人，以及对自己与他人的人际关系忠诚。

⑤ 人们有很多共享信息，并且信息流动迅速自如。

⑥ 人们经常性地，并且轻易地就可以改变计划。

⑦ 人们对与自己关系密切的人，如家人、朋友、关系近的同事很关心，不注重个人隐私。

⑧ 经常并且很容易地相互借东西。

⑨ 按关系远近决定守时与否，时间处理非常灵活。

属于弱语境文化的人们往往也同时属于单时制系统，其特点为：

① 一次只做一件事情。

② 专心于工作。

③ 认真对待时间承诺。

④ 从空间上看，人们的距离不紧密，因此人际关系不重要，人们对工作忠诚。

⑤ 人们没有很多共享信息，并且信息流动缓慢。

⑥ 认真坚持计划。

⑦ 关注于不打扰别人，尊重他人的隐私并体谅他人。

⑧ 尊重他人的私有财产，很少相互借东西。

⑨ 强调守时，时间处理高度组织化。

在对时间安排的计划性方面的中西方差异上，戴凡和Smith（2003）举过2个例子。

例子1：

美国人Kevin在一所中国大学教了3个月书，在交朋友和适应新生活方面遇到了很多困难。平时工作忙还好，周末就难熬了，他总是提前安排好周末的活动，怕自己孤独。

一个星期四，他被告知外事处将在周六组织外籍教师参观园林。他回话说不去，因为他已经和一个朋友有约。组织者问："你不是想在周末做点什么吗？"他说："是呀，可是你们通知得太晚了，我已经有安排了。"组织者说："今天才是星期四啊。"他说："但后天就是星期六了。"结果，他没去参加本来感兴趣的活动。

例子2：

Mary是到中国寻根的美籍华人。她终于在南方找到了两家人，于是决定在中国住一段时间了解中国文化。她在亲戚们所在的城市找到了一份工作，以便不时能去探望。

她的亲戚欢迎她在任一周末去玩，她利用两个周末拜访了他们，但相处却不太愉快。除了她的中文不好，交流困难外，她从来不知道亲戚们的计划。她不知道早上能不能睡懒觉，因为他们从来不告诉她第二天的安排；她起床后，往往无聊地坐等到亲戚告诉她准备出去吃饭，但她还是不知道什么时候去、怎么去，这使她感觉自己像个傻子。她很不喜欢这种她无法控制局面的情形。

中国传统文化属于多时制文化，戴凡和Smith对以上例子的解释是，中国人计划好做什么事并不等于能做那件事，所以，人们习惯于很晚才做计划以保证能够按照计划行事。这种做法不仅在工作单位很常见，也延伸到家庭生活中，因为有些家庭成员无法提前确定是否有时间和家人一起过周末。Mary的亲戚没有把娱乐计划事先告诉她，是因为他们很体贴地为她安排好了一切，以使她不必为任何事操心。这并不意味着他们不尊重她或故意不让她知道这些安排。

针对单时制文化和多时制文化在时间安排的计划性，胡文仲（1999）指出，现代大城市中国人较多属于单时制，在大城市中生活速度日益加快，人们愈来愈重视时间的安排。80年代中期《效率手册》的出现和畅销最有力地说明人们时间观念的改变，严格的计划和支配时间已成为人们生活的需要。但在一些地方，比如小城市和乡村，情况则大不相同，属于传统中国文化的多时制。

提前计划是现代社会生活的一个显著特点，国际会议常常在几年之前已预作计划. 几个月以前会议的详细议程已经准备完毕，通常会议严格按照议程进行。一些政界领袖、社会活动家、富商大贾都提前很久就安排计划。电影制片人靳羽西曾经对记者说，她已经把一年的日程全部预先作了安排，一年后她在什么国家的什么城市会见某个人已经确定下来。西方国家的人使用的专用日记本主要是用作提前计划。凡会议、约会、社交活动等，都需事先通知，以便对方能早作安排。临时通知对方参加某项活动会被认为是不礼貌的。如果请人吃饭，需在一周甚至更早的时间发出邀请，临时邀请会使人感到缺乏诚意，往往遭到拒绝。

关于强语境文化和弱语境文化中的"空间"差异，胡文仲总结道：每个人都有自己的个人空间。所谓个人空间是指一个人与另外的人之间所保持的空间或距离。它是无形的，但却是实际存在的。如果甲进入了乙的个人空间，乙就会自动地向后退。似乎在人的周围有一层无形的屏障。Hall提出，个人空间是球形或环形的，但后来的研究者发现有些人前面的空间比背后的空间大一些，另一些人后面需要更多的空间，而前面的空间小一些。

影响个人空间的因素很多，包括性别、年龄、关系远近和文化背景等。有的研究者认为，男性比女性需要的个人空间多，但实际情况要复杂得多。我们和小孩子的距离比和成人的距离要近，我们和不同年龄的孩子保持不同的距离。关系近的人之间要求的个人空间少于关系远的人。

Hall将个人之间的距离分为四种：亲密距离、个人距离、社交距离和公众距离。在亲密距离当中，近者可以没有距离，远者从6到18英寸。美国中产阶级一般认为在公众场合不宜保持亲密距离。如果其他人进入这个距离，通常会感到很不舒服。例如，若是在拥挤的电梯里不得不和周围的人靠得很近时，往往保持一种十分紧张的姿势，将双手紧贴身体，眼睛看着电梯的顶部，或者看着别的地方，避免和周围的人的视线有所接触。个人距离近者1.5～2.5英尺，远者2.5～4英尺。在近距离的范围内，通常表示一种关系或感情。妻子站在丈夫1.5～2.5英尺的范围内是自然的事，但若是别的女人站在这个距离内就会有其他意思了。在2.5～4英尺的距离内，通常是谈个人感兴趣的事或是与个人有关的事。社交距离近者4～7英尺，远者7～12英尺。同事谈公事通常保持在社交距离的近距离内。在一般的社交场合也大致保持这个距离。如果是7～12英尺的距离，一般都是比较正式的公事。重要人物的桌子往往大得能够使来访者与主人保持这个距离。公众距离近者12～25英尺，远者25英尺以上。语言学家发现，在这个距离人们讲话时需要注意遣词造句，讲话明显变得正式。在公众领袖的周围一般保持30英尺的距离。在这个距离讲话，音量势必提高，还需要借助手势和体态，咬字吐音必须十分清楚，甚至有一定的夸大才能使听众听清。

布罗斯纳安认为中国人的体距比西方人的体距要小。中国人的距离……要比英语国家的人近，在公共场合更是如此，在大街上，中国人聚集在一起，彼此相距不过18英寸。但是并不像英语国家的人那样不让他人介人，这显然表明了中国人的近体距离要比英语国家的人开放得多。英语国家的人在一起时，如果有局外人走进18英寸的范围，即使是在大庭广众之中，也一定会被看成是一种侵扰。中国人却不一定有此感觉。他们看来，公开场合就是绝对公开的。

由于不同文化背景的人对于个人空间的需求不同，因此，他们对于拥挤的态度也表现出差异。英语国家对于从拥挤的人群中穿过去往往有所顾忌。在不得已的情况下，他们会用双手开路，同时说些抱歉的话。他们往往不愿意用身体去挤。来华旅游和工作的人在售票处或收银台前看到不排队的拥挤的人群往往感到无所适从。

人们一般都讨厌拥挤的现象，但是，布罗斯纳安发现，由于各国人口密度的差别和文化传统的不同，人们对于拥挤的态度仍然表现出差异。他认为，中国人更安于拥挤的情况，对任何吸引人的地方都不是回避而是乐于挤上前去围观。在团团围坐的餐桌边，在大街上围观下棋的人群中，人们毫不畏惧，甚至还怡然自得地和别人紧紧靠在一起。中国人热闹的概念意味着亲切相处，欢乐聚集。他还发现，在拥挤的公共汽车上有的中国人会凑过去看到人的报纸，甚至要求对方等一下翻到下一页，以便他能读完他正在阅读的部分。这对于英语国家的人来说简直是不可思议的。

Hall对非语言交际的研究虽然没有涉及体态语，但是体态语却是非语言交际中十分重要的一部分。还是以案例导读为例："他拿着一根棍，他也拿着一根棍。他打了他，他也打了他。如果他打他也像他打他一样狠的话，他就会杀了他，而不是他杀了他。"如果美国传教士作为局外人只凭着听，当然不明白这里无数的"他"到底指的是谁，然而，如果这是法庭证人的证词，法官一定能听明白，因为证人肯定是用手轮流指着两个犯罪嫌疑人，边说边指。这说明非语言交际往往是语言交际的补充，在跨文化交际中不可或缺。

此外，非语言交际对于语言交际还有重复、替代、调控，以及冲突的作用。比如，我们可以一边说"好"，一边点头，这就是非语言交际对语言交际重复的作用；当教室里不安静、学生们在窃窃私语时，老师可以不说话，而是把食指放在嘴边，表示"请安静"，这就是非语言交际对语言交际替代的作用；当学生在发言，老师对他频频点头，这表示鼓励学生继续讲下去，这就是非语言交际的调控作用；当学生在参加考试，他嘴上说不紧张，可是声音和双手都在颤抖、脸色发白，此时，非语言和语言发生了冲突，一般情况下，人们更倾向于相信非语言发出的信号。正如弗洛伊德所说："我们可能口出谎言，但我们身上每一个毛孔都渗透出背叛的信号。"

可见，除了时间、空间，以及服饰，同样属于非语言交际符号的"体态语"也很重要。Samovar认为，体态语指那些看得见的、能发出信息的身体动作。这些信息是关于：（1）你对他人的态度（与朋友面对面站着，或身体向前微倾，表明你很放松）；（2）你的情感状态（敲桌子或玩硬币表明你很紧张）；（3）你控制环境的欲望（示意某人走过来意味着你想同他谈话）。所有人都使用动作进行交际，不同的文化会教给各个文化中的人们使用和理解这些动作的不同方法。

体态语包括站姿、坐姿和传达具体意义的肢体运动（手势）等。研究表明，全世界的人们可做出70多万种明显的动作，我们无法把它们加以归类介绍和分析。我们能做到的就是告诉读者：所有人都使用动作进行交际，文化教给人们如何使用和理解这些动作。以下仅举几个例子加以说明：

美国人和加拿大人崇尚随意，人们常随便她坐在椅子里或随意地站着。在德国、瑞典等国家，生活方式就不那么随意了，无精打采地站着是粗鲁、不礼貌的行为。在比利时，双手插兜是不尊敬他人的表现。在加纳和土耳其，双腿交叉而坐是极其令人讨厌的行为。泰国人认为脚后跟是人体最下端，不应指向任何人。在泰国人眼里，双脚的意义重大，应避免跺脚。

美国人用食指去指东西，甚至指人。德国人用小拇指，而日本人用整只手，而且手掌向上。同样的手势在不同的文化中意义可能不同，比如，在美国，大拇指和食指交叉成圆，其他手指伸开，象征"OK"这个词；在日本，这个手势指"钱"；而在阿拉伯国家，这种手势常伴随着咬牙的动作，表示深恶痛绝；在墨西哥和德国，它有猥亵的含义；同样的手势在突尼斯意味着"我杀了你"。

我们示意别人过来的惯用手势也因文化而不同。在美国，示意朋友过来，要掌心向上，手指并拢，同自己所在处挥动。韩国人表达同一意思则手呈杯状，手掌向下，手指聚拢于掌心。许多美国人见这一手势还以为是在挥手告别。缅甸的部分地区的人示意别人过来时，掌心向下，手指像弹钢琴一样动。菲律宾人则快速朝下点头来表示这一含义。在德国和北欧大部分地区，向后甩头就是让某人过来。许多阿拉伯国家，示意别人过来的手势是伸出右手，手掌上抬，手一开一合。在西班牙，让某人过来时，伸出手臂，手掌向下，用手指向身体做抓挠动作。

表示接受或拒绝的头部动作在泰国和美国截然不同。希腊人点头表示同意，这一点同美国人一样；而表示"不"时，希腊人则扬起脸向后甩头，他们把一只手或两只手同时高举到肩部表示"坚决不"。

交际中使用手势的多寡和幅度亦有文化差异。犹太人、墨西哥人、希腊人、意大利人、中东人、南美洲人交流时使用手势都非常活跃。许多亚洲文化成员不喜欢这种张扬，认为这是缺乏教养和自律的表现。德国人认为这样的手势有炫耀、轻浮之嫌。有跨文化交际学专家曾向在德国公司工作的美国人提出如下建议：使用双手要适度而有分寸，手不应该作为交谈中强调要点的工具，整个谈话应表现出压力下的镇定。

此外，面部表情在跨文化交际中也十分重要。从解剖学上看，每个人都有相似的表情，但人们赋予它们的含义却因文化不同而不同。全世界有一套基本的面部表情，其中至少有六种都是与生俱来的，具有普遍性，在世界上的基本含义相同，它们是快乐、悲哀、恐惧、气愤、厌恶和惊讶。面部表情固然有其生物本质，但是文化规范决定了面部表情的表露时间、方式和对象。不同的文化都认识到了面孔的力量，因而制定出许多规则来规范社交中面部表情的使用，以及如何注意交际中他人的面部表情。

常见的面部表情之一是微笑，微笑是根植于文化中的一种情感流露。全世界的人都会笑，但是在笑得多少、笑的原因甚至笑传达的信息等方面，不同文化之间都有所不同。在美国，笑是幸福和友好的标志。虽然这在其他文化中也有同样的含义，但是大部分亚洲人往往也用微笑掩饰感情或回避某个问题。在韩国文化中，笑多了就是肤浅。韩国人的不苟言笑经常被人误解为带有敌意。泰国人却笑口常开，因此，泰国被誉为"笑的国度"。

目光接触也是面部表情的一种，人们常说"某人有一双会说话的眼睛"，但是，眼睛说话的含义却因文化的不同而不同。研究表明，美国人的眼睛具有六种重要的交际功能：表示关注、感兴趣和兴奋的程度；改变态度和说服的功能；调控交际过程；交流情感；表明权力和地位；在给人留下何种印象方面起到关键作用。文化调整人们目光接触的多寡和对象。西方国家，尤其是美国的大多数人都希望交际对象能直视他们的眼睛，然而，直接的目光接触并非是全世界的传统，在许多亚洲文化里，直接的目光接触是一种禁忌或侮辱，比如在日本，长时间目光接触被视为粗鲁、恐吓和不敬的表现。拉美人避免目光接触以表示精力集中和尊敬。所以，不难理解，一些西方老师很可能误解这种避免直视的行为，认为这是向权威挑战。可是，亚洲和拉美学生恰恰是用避免和老师的目光接触来表示对老师的尊敬。

第二节　语言、非语言和国家形象构建

如前所述，在跨文化交际中，语言和非语言起到十分重要的作用，个人如此，国与国之间的交往亦如此。在中国与外国的交往中，国家形象是国家最重要的软实力和最深刻的国际竞争力，关系到"两个一百年"奋斗目标和中华民族伟大复兴中国梦的实现，具有重大战略意义。习近平同志强调："要注重塑造我国的国家形象，重点展示中国历史底蕴深厚、各民族多元一体、文化多样和谐的文明大国形象，政治清明、经济发展、文化繁荣、社会稳定、人民团结、山河秀美的东方大国形象，坚持和平发展、促进共同发展、维护国际公平正义、为人类作出贡献的负责任大国形象，对外更加开放、更加具有亲和

力、充满希望、充满活力的社会主义大国形象。"如何在语言交际和非语言交际方面做到习近平同志强调的塑造大国形象，他本人和夫人彭丽媛为中国人做了好榜样。

一、语言交际和中国国家形象构建

（一）指示原则的应用

文秋芳（2017）指出，话语是构建国家形象最基本、最重要的媒介，通过话语方能使国家形象落到实处。张虹（2017）运用"指示原则"，从隐含与预设、评价话语、直接标识、经典话语四个方面论述了习近平同志在对外演讲中是如何塑造中国的大国形象的：

2015年9月28日，习近平在第70届联合国大会一般性辩论中发表题为《携手构建合作共赢新伙伴同心打造人类命运共同体》的演讲。演讲稿共3 026字，25个段落，分为4个部分。其中，1～5段回顾历史，肯定世界各国人民取得的成就，凸显中国对二战胜利作出的贡献，体现对历史的尊重。6～18段紧扣"合作共赢、打造人类命运共同体"这一主题，提出中国方案。19～23段阐述中国为落实这一方案所将采取的实际行动。24～25段再次与主题呼应，号召世界各国为落实这一方案共同奋斗。

1.隐含与预设

人称代词是隐含与预设的主要方式，使用人称代词可隐性构建国家形象。习近平在演讲开篇回顾联合国的70年历史。他讲道："70年前，我们的先辈经过浴血奋战，取得了世界反法西斯战争的胜利……70年前，我们的先辈以远见卓识，建立了联合国这一最具普遍性、代表性、权威性的国际组织……70

年前，我们的先辈集各方智慧，制定了联合国宪章，奠定了现代国际秩序基石，确立了当代国际关系基本准则……"这里的"我们"是排除性的，排除法西斯国家，而包括中国和其他反法西斯联盟国家、联合国成员国、以及联合国宪章的起草国，从而与这些国家拉近距离，建立求同存异的话语基础。这句话的隐含与预设是：中国与世界大多数国家和人民是站在一起的，是合作伙伴，是战友，是朋友。我们都是反法西斯战争的"胜利者"和"贡献者"、联合国的"建设者"、"联合国宪章"和国际秩序的"奠基者"和"维护者"。这是在构建国际反法西斯大家庭正面形象时，将中国隐含于其中。这种话语基调宏观大气，突出各国的卓越贡献，使自己的正面形象低调隐含其中。此种构建国家形象的方式营造友好气氛，也容易被听众接受。从第九段到十七段，习近平使用7次完全包含型的"我们"，把在场的各国都包含在内。他说道："我们要建立平等相待、互商互谅的伙伴关系……我们要坚持多边主义，不搞单边主义；要奉行双赢、多赢、共赢的新理念，扔掉我赢你输、赢者通吃的旧思维……我们要营造公道正义、共建共享的安全格局……我们要摒弃一切形式的冷战思维，树立共同、综合、合作、可持续安全的新观念……我们要谋求开放创新、包容互惠的发展前景……我们要促进和而不同、兼收并蓄的文明交流……我们要构筑尊崇自然、绿色发展的生态体系"。这里习近平作为中国国家主席发出五点倡议，希望全世界所有国家都能从政治、安全、经济、文化和环境五个层面共同努力，携手共建人类命运共同体。"我们"的使用一方面表明中国首先要求自己做负责任的担当者和实践者；另一方面表明中国是"全球发展的贡献者、国际秩序的维护者"，号召每个国家都能遵循上述五点倡议，使得整个世界能够共同发展、共同安全、共同维护国家间和平公平正义，中国在国际舞台上迈开洋溢着中国智慧的脚步。

2.评价话语

第九至第十八段多次使用"要……，不……"、"是……，不是……"、"应该……"、"不能……"和"坚持……，不搞……"等句式来表达中国对一些国际事务或他国做法的评价、认识、立场和态度，进而构建自己和其他国家的形象。例如，"世界各国一律平等，不能以大压小、以强凌弱、以富欺贫；坚持多边主义，不搞单边主义；要奉行双赢、多赢、共赢的新理念，扔掉我赢你输、赢者通吃的旧思维；对话而不对抗，结伴而不结盟；弱肉强食是丛林法则，不是国与国相处之道"等等。此类句式中通过"要……"、"是……"、"应该……"、"坚持……"等引出中国的主张；而"不要……"、"不是……"、"不能……"和"不搞……"等则引出中国对世界上某些不正义行为所持有的立场和态度。"要……"和"是……"等隐性树立中国的正面形象，"不是……"和"不能……"则暗含着有的国家在做这些不正义的事情，比如，"搞单边主义"，"以大压小、以强凌弱"和"以富欺贫"等，隐性构建当今世界上个别国家的"强权、霸道"形象。这种评价话语表达出中国与其他国家的相处之道及其倡导的国际秩序。中国作为"国际秩序的维护者"的国家形象通过这一方式在演讲中得到充分展现。

3.直接标识

习近平在第二十至第二十二段以明确的身份范畴标识中国形象，比如，"中国将始终做世界和平的建设者；中国将始终做全球发展的贡献者；中国将始终做国际秩序的维护者；中国在联合国的一票永远属于发展中国家"，即构建"世界和平的建设者"、"全球发展的贡献者"、"国际秩序的维护者"以及"发展中国家"的形象。从前文可以看出，中国不仅是国际秩序的"奠基者"和"创建者"，还将继续维护这一秩序，为全球发展作出贡献。这一积极的国家形象早在70年前就已形成，至今仍未改变，在将来还将继续得到维护。在中国的官方话语中，"发展中国家"是亚非拉国家的本质特征。中国作为最大的发展中国家，在对这一身份的坚持中表明自己将永不称霸，与第三世界国家一道建立更为公正的国际秩序，将是中国对所有发展中国家和整个世界承担的道义责任，这一点在本段演讲中通过直接标识的指示手段表达得十分清晰。

在第二十三段，习近平通过语言详述的方式与20~22段中构建的国家形象进行呼应，阐述中国将如何付诸行动。习近平在第二十三段使用三个"我宣布"，并在每一个"我宣布"之后，借助一系列表达积极意义的动词、形容词和副词等，例如"支持"、"促进"、"作出新的贡献"、"加入"、"率先组建"、"建设"和"提供无偿军事援助"等，阐明中国为落实相关方案将要采取的具体行动。这些行动与上文中用话语直接标识的国家形象相呼应，提供重要的支撑信息。第一个"我宣布……为世界和平与发展作出新的贡献"对应"全球发展的贡献者"的形象；第二个"我宣布……并建设8 000人规模的维和待命部队"对应"世界和平的建设者"的形象；第三个"我宣布……以支持非洲常备军和危机应对快速反应部队建设"对应"国际秩序的维护者"的形象。

4.经典话语

经典话语亦可构建身份，典故能用经济的表达手段传达出丰富的文化内涵，其使用过程就是主体的人对理解对象的客体进行意义赋值的过程，其中不仅包含伦理规范和道德信仰，且蕴藏着构建和谐社会秩序的政治理想。贯穿演讲全文，习近平多次引用中外典故来呈现中国的意识形态，时而直接引用，如"看不见的手、看得见的手"（出自《国富论》）（第十三段）；时而暗用，如"以史为鉴"（出自《旧唐书·魏徵传》）（第五段）、"穷兵黩武"（出自《明史·范济传》）（第十一段）、"化干戈为玉帛"（出自《淮南子·原道训》）（第十二段）和"和而不同"（出自《论语·子路》）（第十五段）等。有时，他通过平实话语来阐释中国传统思想的精髓，例如"大国与小国相处，要平等相待，践行正确的义利观，义利相兼，义重于利"的观点即衍生自《论语》中"君子喻于义"（《论语·里仁》）、"君子义以为质"（《论语·卫灵公》）的典故。

第八段开篇以"大道之行也，天下为公"切入主题"合作共赢、人类命运共同体"。此典出自《礼记·礼运》，体现出一种美好的向往，希望在大道施行的时候，能够形成一个"天下为公，选贤与能，讲信修睦"的大同社会。尽管这个愿望在战乱时期不可能实现，但反映出儒家学者在乱世中的美好愿景。这是整篇演讲中为数不多的明引。习近平直接引用上述典故来支撑自己的政治观点，隐性表达自己对这一典故内容的认可。其目的是表明中国倡导和拥护"和平、发展、公平、正义、民主、自由"这些全人类的共同价值观和联合国的崇高目标，将中国传统文化中的智慧贡献给全世界，构建中国作为"全球发展的贡献者"、"国际秩序的维护者"的形象。

除引用中国典故外，习近平在第二十四段还引用《圣经》中的典故"铸剑为犁"。"铸剑为犁"是《圣经·旧约》中对未来太平盛世的描述（见于《以赛亚书》2：4；《弥迦书》4：3）："他们要将刀打成犁头，把枪打成镰刀；这国不举刀攻击那国，他们也不再学习战事"。习近平通过引用《圣经》典故表达中国的意识形态，一方面，隐含表达中国对维护国际秩序所持有的态度，向听众传达自己赞同这一典故的思想。另一方面，这一典故更能被受《圣经》文化影响的听众理解和认同，更具亲和力，隐性地向西方国家传递不冲突、不战争的和平观。中国借此来宣扬"铸剑为犁、永不再战"的理念，树立自己作为"世界和平的建设者"、"国际秩序的维护者"的形象。

（二）同一理论的应用

许峰、朱雯（2014）指出，国家形象是国际社会公众对一国的基本印象与总体评价，"是一国可观的无形资产或曰软实力的重要组成部分"。国家形象的构建、推广与维护离不开语言，"任何国家行为都是需要用语言加以叙述，用语言加以表达，用语言加以理解的"。"人一旦运用语言，就不可避免地进入修辞环境"。国家形象的构建与语言的密切联系使修辞分析与国家形象构建的探索相融合成为可能。他们运用"同一"

理论，从同情认同、对立认同，以及误同三个方面，分析了习近平同志外交演讲是如何塑造中国的大国形象的：

国家形象具有呈现性、主体性和主体间性的特点。其中，主体性既包括说话者的主体性，即一个国家对自我形象的定位和认知，又包括受话者的主体性，即"受众"的认知与定位。国家形象的主体间性，通俗地说，是一个国家自我定位和自我认知中的"他人定位"的统一。一国的国家形象应该在考虑充分彰显本国特色的基础上，运用一种合乎"世界语语法"的表达使受众听得懂并且认同接受这种形象定位，也正是"同一"理论所倡导的运用人的各种共同实质在有意识和无意识中诱发合作。习近平同志演讲中的中国的国家形象充分运用"同一"理论的普遍意义，在国际社会公众面前呈现了一个主体性与主体间性相吻合的中国形象。

1.同情认同——中国的合作发展形象

同情认同是最普遍的一种认同方式，也是习主席在外交演讲中最常用的一种认同方式，具体体现在想听者之所想，用听者之所用，共听者之所鸣，囊括听者之所在，以中国国家领导人特有的亲和力达到听者的认同。

习主席在坦桑尼亚尼雷尔国际会议中心发表的题为《永远做可靠朋友和真诚伙伴》的演讲中，开头和结尾都使用了受众的本族语斯瓦西里语。"哈巴里"和"阿桑特尼萨那"分别意为"大家好"和"谢谢大家"，两句简单用语，用听众之所用拉近了演讲者与听众的距离，激发了听众内心的共鸣和好感，塑造了一个亲切友好的领导人形象。另外，习主席在演讲中专门列举数据说明中非各项往来情况，叙述北京奥运会火炬在达累斯萨拉姆传递的情景和汶川地震中非洲慷慨捐赠的情谊，构建了演讲者与听众之间共同的情感和共同的体验，表达了中非互助的重要性。通过叙述中非关系发展历史，以中非"从来都是命运共同体"和有着"共同的历史遭遇、共同的发展任务、共同的战略"这些共同特质来将中非联系起来，囊括听众之所在来劝说中非需要加强合作来促进共同的发展繁荣。这些叙述再次证明，中非是基于相互历史认同和经济政治认同的"南南合作"的合作伙伴和兄弟，西方别有用心地定义中国为"新殖民主义者"是毫无基础和根据的。中国长期在非洲塑造和传播的正面形象，促进了中国与非洲不断深化的经贸合作，证明了国家形象对一国开展对外交流与合作的助推作用。

2.对立认同——坚持和平发展

对立认同的特殊之处在于它需要特定的认知语境，语境的欠缺会影响对立认同的发挥，在外交演讲中的大语境是国际环境和双边关系。一般而言，国际环境和双边关系影响着演讲特别是外交演讲的主题。在国际关系或国家关系紧张时，演讲的斗争意味就较明显，国际关系缓和或国家关系友好时，演讲的主题与主调会以合作与发展意识为核心。在当今，和平与发展成为时代的主题，这意味着各国求合作、谋发展将成为外交演讲的主要话题。中国作为奉行"以和为贵"的文明古国，其外交演讲从正反两方面强调了和平的重要性。而反面的强调，正是对立认同策略的体现。如下两例："同时，天下仍很不太平，发展问题依然突出，世界经济进入深度调整期，整体复苏艰难曲折，国际金融领域仍然存在较多风险，各种形式的保护主义上升，各国调整经济结构面临不少困难，全球治理机制有待进一步完善。实现各国共同发展，依然任重而道远。（《共同创造亚洲和世界的美好未来》）"当前，世界经济逐步走出低谷，形势继续朝好的方向发展。同时，国际金融危机负面影响依然存在，一些国家经济尚未摆脱衰退，全球经济复苏依然有很长的路要走。（《共同维护和发展开放型世界经济———在二十国集团领导人峰会第一阶段会议上关于世界经济形势的发言》）"习主席这两段话共同的特点是，表面上是罗列各种问题，而实际上是在陈述大家共同的"敌人"来达到联合一致的目的。对立具有"两极语意场"，两极的事物表面上难以相通，实则相反相成、常规共存于人的心里活动中。由于和平和战争是一对相反的概念，所以在倡导和平发展时，人们心里会共存它的对立面战争的概念；而在反对战争时，心里会联想到和平。在和平与发展的环境下，各国都在谋求发展，而不太平的局势、发展问题、保护主义以及各种困难成为共同的对立面，这种对立面的烘托很容易使受话者对说话者产生支持的态度。习主席的对立认同的运用，使听众认同和平发展的重要性和中国和平发展的形象，说明中国发展的最终目的不仅是建设和谐中国，而且是建设和谐世界。中国始终不渝地走和平发展道路"是中国政府和人民对世界的庄严承诺，也是中国国家形象塑造和传播的目标定位"。只有世界先认同了这一承诺，中国和平发展的国家形象才得以真正被世界所认可。

3.误同——扩大世界群众基础

误同的方式之一是通过使用包括听话者在内的特定词句，使他们产生一种无意识的或幻觉式的认同，最常出现的是"我们"的运用。根据具体文本的不同和语境的差异，"我们"所囊括的内容也有所不同，这在潜意识中让听话者产生与说话者拥有共同特点或共同利益的感觉，从而产生共同立场和共鸣。例如：（1）我们生活在同一个地球村，应该牢固树立命运共同体意识，顺应时代潮流，把握正确方向，坚持同舟共济，推动亚洲和世界发展不断迈上新台阶。（在博鳌亚洲论坛上的演讲）（2）我们将大力促进亚洲和世界发展繁荣。（在博鳌亚洲论坛上的演讲）（3）我们要做好邻居、好朋友、好伙伴。（在莫斯科国际关系学院的演讲）（4）不管全球治理体系如何变革，我们都要积极参与，发挥建设性作用，推动国际秩序朝着更加公正合理的方向发展，为世界和平稳定提供制度保障。（在金砖国家领导人会晤时的讲话）上述四例句中的，（1）中的"我们"指代博鳌会议与会所有成员；（2）中的"我们"指代中国；（3）中的"我们"指代中俄两国；（4）指代包括中国在内的金砖国家。这些"我们"的运用，不动声色地为听众规定了他们所该选择的立场，最终使他们产生该立场所应实施的行为。可以说，误同跳过了劝服受话者的这个过程，直接预设受话者已被劝服或与说话者本来就是一致的，从而使受话者在认知上越过进行判断的环节，产生一种非真实内心所想的立场。

二、非语言交际和中国国家形象构建

2014年12月，哈佛大学肯尼迪政府管理学院公布了对世界主要国家领导人形象的全球公众调查结果，该调查征询了来自30个国家的公众对于美国、中国、俄罗斯等10位具有全球影响力的国家领导人的看法，着重从知名度、关注度、认可度、信心度等维度开展调查。在受访者对本国领导人认可度、30国受访者对10国领导人认可度，以及受访者对本国领导人正确处理国内及国际事务信心度方面，中国国家主席习近平都排名第一。尤为值得赞赏的是，第一夫人彭丽媛的服饰穿戴充分展现了中国元素，她的公益善举体现了大国责任，她的情感行为呈现了亲民形象，她的每一次出访都有效传播了中国的国家形象。从实际效果看，中国领导人的良好个人形象已经成为中国国家形象的重要支撑。

在习近平夫妇访问英国后，一篇题为《英媒眼中的习近平夫妇：气场征服海内外赋予中国新形象》的文章总结了习主席和第一夫人在非语言交际方面是如何塑造中国的大国形象的：

《每日快报》：习近平夫妇在形象上非常现代、与时俱进。习近平在公开场合总是穿着笔挺的西装，而她的夫人彭丽媛仪态举止典雅端庄，两人给中国赋予了崭新的形象。

《每日邮报》：中国"第一夫人"彭丽媛访问英国首日连换三套服装，"惊艳全场"。在参加女王的欢迎仪式时，彭丽媛身穿白色裙子套装，搭配叶子形状的胸针，简洁大方，高贵典雅。20日下午，当习近平在英国议会发表演讲时，彭丽媛身穿深灰印花长衣外套，并搭配了一条浅灰丝巾。而当晚上的国宴开始时，彭丽媛换上了中长袖的深蓝色长裙晚礼服，腰间配了一条白色的腰带，再搭配白色珍珠耳钉和白色手包，气场十足。

《每日电讯报》：作为中国的"第一夫人"，彭丽媛以她的迷人气质和优雅魅力征服了海内外。她致力于在各种场合推广中国文化，也积极投身于抗击艾滋病等公益事业。上个月习近平对美国进行国事访问期间，彭丽媛访问了茱莉亚学院，并亲自向学生们示范了民族唱法。去年3月，她陪同美国第一夫人米歇尔·奥巴马及其母亲和两个女儿参观了故宫。当年夏天，她又邀请前来参加南京青奥会的外国首脑夫人体验苏州刺绣。她在用自身的行动传播中国文化，人们从她的着装和思想上也能感受到中国文化的魅力。

中国人民大学的研究表明，彭丽媛"优雅的仪态"与参加各种慈善活动的亲善形象，不但有助于提升中国的软实力，还能缓和中国经济崛起所引发的外界恐慌情绪。该报告称，在中国快速崛起的时代背景下，通过第一夫人公共外交向世界传达中国的善意显得尤为重要。而彭特有的端庄，她的慈善行为和音乐造诣也令中外媒体为她的魅力"所倾倒"。

中国外交学院研究员周加李在一份报告中写道，"国际社会通常将中国贬低为一种威胁。然而，如今大多数外国媒体都认为彭丽媛是提升中国形象的积极因素，并称她为'中国的新名片'。"

《"彭丽媛旋风"：彭丽媛是中国的"新名片"》一文指出，从某种意义讲，彭丽媛是国家形象的另一种阐释和解读。一个国家在国际舞台上的形象，并非只有一个维度，它其实包含多个维度。每个受众基本上都是按照自己所见到的那个维度，去评价一个国家，不同视角下的评价最终汇合在一起，形成了一个国家总的形象。鉴于国际受众更多倾向从"中国政府"在国际舞台上的所作所为这个角度，去评判"中国"的形象，而且，国际媒体也总会以直截了当或者含沙射影的方式，指涉中国政府，久而久之，外界便倾向于将"中国形象"简化为"中国政府的形象"。

其实，"中国的形象"远比"中国政府的形象"丰富，后者只是前者的一个组成部分而已。在这个意义上，彭丽媛的出场能够获得外界赞誉，从另外一个维度提升了中国的国际形象。正如新加坡《联合早报》社论指出，彭丽媛能够成为中国的"新名片"。

《彭丽媛向世界展示中国民族风》一文指出，一些非常具有亲和力的细节也引人关注，彭丽媛挽着习近平主席的手臂走下飞机的一幕给人留下深刻印象。外交学院外交礼仪专家周加李认为，这个举动呈现出一种亲和力、人性化和真实性，无形中有这样的动作，会让人觉得亲切，拉近国家元首与民众距离。

国内外媒体普遍认为，彭丽媛随行出访提升了中国的软实力。胡传荣研究员表示，"软实力"主要指一国对其它国家的吸引力和感染力，是一种能抓住民心的力量。彭丽媛的着装和赠送的国礼，能让人更多看到中国的悠久文化，也让人希望去了解中国文化和传统，促进了中国文化的对外传播。

北京外国语大学国关学院教授李永成也认为，彭丽媛随行出访传递了民族自信，树立了中国在东道主国民心目中的良好形象，为推动中华文化走出去、提升国家文化软实力锦上添花。

综上所述，端庄典雅的仪态、展现民族文化的着装、挽着手臂的亲切，都从非语言交际的角度塑造了全新的中国形象。

第六章　跨文化交际能力

案例导读：大国外交——美美与共

政论专题片《大国外交》解说词（第六集《美美与共》）：

【同期】津巴布韦总统 罗伯特·加布里埃尔·穆加贝：他是个男子汉，他是个男子汉。

【同期】美国总统 唐纳德·特朗普：我超喜欢他，我觉得我们产生了不错的化学反应。

【同期】智利总统 米歇尔·巴切莱特：他胸怀远大的理想，知道想要去往哪里，非常清楚中国需要什么。

【同期】法国总统 埃马纽埃尔·马克龙：总而言之，我认为他是当今世界最伟大的领导人之一。

【解说词】英国伦敦，圣保罗演员教堂。一部跨越400年时空的剧目正在上演。戏剧大师莎士比亚与汤显祖在这里相遇相知。昆曲的虚拟夸张和莎剧的含蓄内敛碰撞融合，交织出一场充满创意的中西艺术对话。

【字幕】2015年10月21日 英国伦敦 伦敦金融城市长晚宴

【同期】习近平：汤显祖与莎士比亚是同一个时代的人。中英两国可以共同纪念这两位文学巨匠，以此推动两国人民交流、加强相互的理解。

【解说词】增进相互了解，语言文学是一把好的钥匙。访英期间，习近平专门出席了全英孔子学院和孔子课堂年会开幕式。英国大学生康可作为2015年欧洲"汉语桥"比赛的冠军，在开幕式上朗诵了一首习近平主席1990年7月15日填的词。

【同期】复旦大学留学生 康可：《念奴娇·追思焦裕禄》：魂飞万里，盼归来，此水此山此地。百姓谁不爱好官？把泪焦桐成雨。生也沙丘，死也沙丘，父老生死系。暮雪朝霜，毋改英雄意气！

【字幕】2015年10月22日 英国伦敦 全英孔子学院和孔子课堂年会开幕式

【同期】习近平：他的普通话讲得非常好，比我们来的很多中国人讲得都好，他的朗诵比我朗诵得也好。

【同期】复旦大学留学生 康可：我觉得习主席他是非常的幽默，因为他不仅是可以打动所有人的心里，让大家都觉得很感动，都想听他说的话，但是他也可以让大家笑起来，他不像一个领导人，他就像一个普通的老百姓，和大家一起接触。

【解说词】康可跟随父母在中国读中学，当时因为老师布置的一篇作文开始了解焦裕禄，康可仔细阅读了相关书籍。焦裕禄带领兰考百姓治沙，带病工作到生命最后一刻的故事，让康可深受感动。

【同期】复旦大学留学生 康可：一句一句地去理解习主席这首诗词的意思，就是看到他和焦裕禄一心是为了老百姓。我觉得习主席在理解焦裕禄精神上面，是想把焦裕禄精神带到现代，然后利用这个焦裕禄的精神，也让老百姓过上好日子，也就是我们所说的这个中国梦。

【解说词】走得再远，也记得来时的路。心系百姓是习近平未曾忘记的初心。

【字幕】2013年3月19日 中国北京 人民大会堂 金砖国家媒体联合采访

【同期】习近平：夙夜在公，真正是担任这样的职务，就是把人民放在最高的位置上，始终牢记责任重于泰山。

【解说词】这是习近平当选国家主席后，首次接受中外媒体联合采访。朴实的言语，坦诚的表达，道出了他最牵挂的人，最看重的事。也正是通过这次采访，外界了解到他的一些个人爱好。

【字幕】2013年3月19日 中国北京 人民大会堂 金砖国家媒体联合采访

【同期】习近平：我最大的爱好就是读书，读书已经成为自己的一种生活方式。读各类书，我想这是一个终身的爱好。

【解说词】首次出访俄罗斯的时候，在与汉学家座谈中，习近平顺口说出了十几位著名俄罗斯作家的名字，并回忆说，影响他很深的是车尔尼雪夫斯基的作品。

【字幕】2013年3月23日 俄罗斯莫斯科 汉学家、媒体代表座谈会

【同期】习近平：我记得受影响很深的还是车尔尼雪夫斯基的《怎么办》。因为那会儿我在农村插队，看到里面那个革命家苦行僧式的生活，睡钉板，我们在这里也要学这一套。下雨天都得出去淋雨，冬天到雪地里去摸爬滚打。

【解说词】饮水不忘挖井人。在俄罗斯纪念卫国战争胜利70周年庆典期间，习近平为曾经在华参加抗日战争的俄罗斯老战士颁奖。一名俄罗斯老兵紧紧握住习近平的手，轻轻吻了一下。习近平也紧紧握住他的手，深情地望着他。

【字幕】2015年5月8日 俄罗斯莫斯科 为在华参加抗日战争的俄罗斯老战士颁发纪念奖章

【同期】习近平：我过去，您别站起来了。

【解说词】当习近平看到90岁高龄的老兵谢尔盖耶夫腿脚不便，马上快步走向前去为他颁奖。

【同期】俄罗斯老兵：谢谢您，主席同志，感谢您对我们的关照。

【解说词】习近平心中惦念的不仅仅是这些为援华作出贡献的老兵，还有相识多年的老朋友。在遥远的澳大利亚塔斯马尼亚州，习近平珍藏着一份历经13个春秋的夙愿。2001年，当时的塔州州长培根到访福建，并盛情邀请他到塔州走一走、看一看。十三年后的2014年，习近平履行了自己的承诺，在对澳大利亚进行国事访问期间，特地前往塔斯马尼亚看望已故州长培根的家人。

【字幕】2014年11月18日 澳大利亚塔斯马尼亚州 看望已故塔斯马尼亚州前州长培根的家人

【同期】习近平：当时的情景历历在目。当年他也向我发出了邀请，希望我来访问。

【同期】澳大利亚已故前州长夫人 哈妮·培根：他（培根）曾经非常期待你访问塔斯马尼亚州。

【同期】习近平：所以我此次来这里，我觉得也是了却了一个心愿，对一个友人的心愿。

【解说词】几张照片，相纸发黄，印记已淡。习近平和培根家人一起细细翻看，沉浸在十几年前的回忆之中。这样温馨的画面，一年以后在钓鱼台又一次出现。这次与习近平见面的是三十多年前访美时的房东德沃切克夫妇一家。

【字幕】2015年4月8日 中国北京 钓鱼台 接见德沃切克一家

【同期】习近平：当时吃完早餐，你要带着女儿去上班和上学，我们说到门口照一张相。

【同期】美国艾奥瓦州马斯卡廷市市民 汤姆·德沃切克：我们搬家到了佛罗里达州，遗失了很多老照片。其实没有必要送我们礼物。您与我们相处的时间和这种友情已经足够了。我们准备的也是一些照片作礼物。

【同期】习近平：30年的友谊，你看看。

【同期】外交部部长助理 秦刚：国之交在于民相亲，从习主席的身上体现了我们中华民族这种重情义。这一点并不因为他当了国家主席而改变，他愿意同世界各国的、普通的各界百姓交朋友，并且善于同他们沟通交流。

【解说词】用岁月把友情酿成香醇的美酒。这份浓浓的人情味，不仅让世界感受中国外交的温度，也让外国百姓把对中国的喜爱真正放进心底。

【解说词】2014年8月，津巴布韦总统穆加贝访华。习近平搀扶着90多岁高龄的穆加贝走下观礼台，开始阅兵。穆加贝，曾被西方誉为民主典范的非洲领导人，后因收回当年殖民者掠夺的土地而受到西方的种种孤立和制裁。习近平以最高规格的礼遇接待了这名中国人民的老朋友。

【画外音】外交部部长助理 秦刚：习主席有意地来放慢脚步等他，这也体现了习主席对穆加贝总统的尊重，对长者的尊重。

【解说词】小范围会谈期间，年事已高的穆加贝始终闭着眼睛，回忆他和中国历届领导人的交往。原定半个小时的会谈延长到了1个多小时。

【同期】时任外交部非洲司司长 林松添：我们习近平主席视线一刻、一分钟都没有离开穆加贝总统。很专注地倾听一个老人，一个老朋友，一个非洲元首级的领袖，诉说他的故事、他的期盼。

【字幕】2014年8月25日 中国北京 人民大会堂 会见津巴布韦总统穆加贝

【同期】习近平：中津传统友谊是在我们并肩反帝、反殖、反霸的辉煌岁月中凝结而成的，体现出双方共同遵循的独立自主、相互尊重、反对外来干涉的对外关系的基本原则。

【解说词】从小范围会谈到大范围会晤，再到欢迎晚宴，原定两个半小时的活动延长到5个多小时。习近平始终耐心陪同着穆加贝。按照外交礼仪，晚宴即将结束时，通常由礼宾官加以提示。

【同期】外交部部长助理 秦刚：由于穆加贝总统上了年纪了，他吃饭也比较慢，习主席专门吩咐身边的礼宾官说不要催，让他慢慢吃，我们大家都等他。

【解说词】一年以后，习近平应穆加贝的邀请访问津巴布韦。穆加贝亲自携夫人和政府官员到机场迎接。

【同期】时任外交部非洲司司长 林松添：手拉手拉着。我觉得这种信号是清晰的，而且是应该能打动人心的，这个就是真、实、亲、诚。

【解说词】访问圆满结束后，穆加贝又一次和习近平手拉手，亲自到机场为他送行。几天后，习近平在中非合作论坛约翰内斯堡峰会上，宣布了互利共赢的中非"十大合作计划"。

【同期】津巴布韦总统 罗伯特·加布里埃尔·穆加贝：让我们为他鼓掌，鼓掌。他是个男子汉，他是个男子汉。他代表一个曾经贫穷的国家，一个从未殖民他国的国家。但是他现在就在这里，他正在做我们曾经期待殖民者做的事。如果当年的殖民者有耳朵，请他们也听听。我们会说，他是上帝派来的人。愿上帝保佑中国和她的人民。

【解说词】习近平以心相交、高效务实的外交风格为中国赢得了整个非洲，也交到了更多朋友。

【同期】时任外交部非洲司司长 林松添：当我们南海面临压力，非洲有39个国家政府，没有任何犹豫地站起来声援我们。这在非洲国家发展史上，对一个国家的地区问题站起来发表政府声明、声援，我看在中非关系史上，在非洲的外交史上也没有的。

【解说词】伴随习近平的出访足迹，人们更多地看到他富有人情味的"友情外交"。2016年3月，捷克布拉格拉尼庄园。这是捷克总统泽曼第一次在自己的官邸接待外国元首，显示出他和习近平之间的意气相投和特殊情谊。

【字幕】2016年3月28日 捷克布拉格 拉尼庄园 同捷克总统泽曼庄园会晤

【同期】捷克总统 米洛什·泽曼：这是一个感情上的礼物。因为我们了解到您的父亲曾经送您一双捷克鞋，所以我们准备了三双。

【同期】习近平：当时小的时候能够穿上你们的鞋感觉到很神气的。

【同期】习近平：这种椅子是我们明代的样式。这个线条非常简单明快，还有垫子。

【同期】捷克总统 米洛什·泽曼：感谢。非常漂亮的椅子，我将来肯定会天天用。

【解说词】从漫步庄园到参观图书馆，七十多岁的捷克总统泽曼始终陪伴在习近平左右。两人之间的谈话，更像老朋友之间的交流。

【字幕】2016年3月30日 捷克布拉格 同捷克总统泽曼共同参观斯特拉霍夫图书馆并话别

【同期】捷克总统 米洛什·泽曼：为捷克和中国的友谊干杯！

【同期】习近平：这一次的访问可以说是惊喜连连，直到要离开的时候。

【同期】捷克总统 米洛什·泽曼：我们今天的分离是为了将来的重逢。

【同期】习近平：来日方长，后会有期！我们还有很多的见面机会。

【解说词】习近平开启了"友情外交"的新形式，在走亲戚、交朋友、拉家常的轻松氛围里拉近了彼此的距离。这种带有家的味道的外交，让人感受到领导人的人格魅力，也创造了不少外交佳话。2013年9月，习近平访问哈萨克斯坦，纳扎尔巴耶夫总统打破常规，主动提议乘坐中方专机飞赴阿拉木图。两人在飞机上共进早餐，促膝相谈。分别时，两人依依惜别。

【字幕】2013年9月8日 哈萨克斯坦麦迪奥自然公园 同哈萨克斯坦总统纳扎尔巴耶夫话别

【同期】哈萨克斯坦总统 纳扎尔巴耶夫：祝您一路平安，谢谢您。

【同期】习近平：你也保重，这两天也好好休息一下，我们彼此还要见面。

【解说词】每次出访，习近平赠送给外国领导人的国礼都让人感受到他的细致和体贴。

【字幕】2013年3月25日 南非比勒陀利亚 同南非总统祖马会晤

【同期】习近平：按中国的风俗，每个人都有属相。您属马，所以我们就画了一幅骏马图。预示着您的事业和国家的事业像千里马一样地奔腾。

【解说词】祖马送给习近平的礼物是一个黑色沙发。在非洲，这样的礼物只会赠送给最尊贵的人。

【同期】南非总统 雅各布·祖马：这个沙发在某种程度上也显示了友谊，因为只有朋友间才会坐下来促膝交谈。

【同期】习近平：累的时候就坐在这张椅子上面。

【解说词】礼物是外交礼仪的一部分，更是情感的传递。而在生日期间送出的礼物和祝福，更能拉近心与心之间的距离。2013年4月7日，博鳌亚洲论坛年会开幕式当天，参加会议的芬兰总统尼尼斯托的夫人收到一个惊喜，习近平和彭丽媛夫妇送出的生日蛋糕。

【同期】芬兰总统 绍利·尼尼斯托：突然送进一个大蛋糕。紧接着音乐响起来了。在场的各国领导人一起唱起了"祝你生日快乐"。我终生难忘。这是主席夫妇给予我们的一份非常美好的礼遇。

【解说词】朋友越走越亲，关系越聊越近。习近平的"友情外交"推进国际关系，积累友善民意，日益成为中国外交的一道靓丽风景，不断提升中国的软实力和全球影响力。英国《每日电讯》将习近平在外交上的多种创新评价为"习式外交"。这不再是以往正襟危坐下的严肃交谈，休闲式的活动显得灵活主动，刚柔并济，有时候甚至出其不意，让人们从中感受到了习近平的"自信"、"睿智"和"真情"。

【解说词】有"中美洲瑞士"之称的哥斯达黎加，曾经被评为全球幸福指数最高的国家之一。82岁的马尔科·萨莫拉是当地一个小型咖啡种植园的农场主。2013年6月，萨莫拉一家迎来了一位远道而来的特殊客人。

【字幕】2013年6月3日 哥斯达黎加埃雷迪亚省 走访圣多明哥小镇农户

【同期】习近平：很高兴来看你们。什么时候成熟？大概还有多久要成熟？

【同期】马尔科·萨莫拉：5到6个月。11月到12月是我们收获咖啡的季节。

【同期】习近平：咖啡的市场价格好不好？

【同期】马尔科·萨莫拉：现在不太好。价格有点下跌。

【解说词】从客厅到卧室，再到厨房，萨莫拉向习近平详细介绍了自家三代12口人的生活情况。随后，习近平和萨莫拉一家人围坐在院中的小木屋里，边喝咖啡边唠起家常。

【字幕】2013年6月3日 哥斯达黎加埃雷迪亚省 走访圣多明哥小镇农户

【同期】习近平：来这里就有这么一个期望，看一看我们人民的生活。我也是来自于基层，我做了7年的农民。然后做村长，做县长，做市长，做省长。可以说我和普通群众都有着很天然的感情。

【同期】哥斯达黎加咖啡种植园农场主 马尔科·萨莫拉：他的话让我们非常骄傲，之前我因为农民的身份而感到羞愧，但是当他这么说的时候，我想我选择成为农民并没有错。

【同期】咖啡种植园农场主之子 阿尔贝托·萨莫拉：很少有元首能够因他曾经是农民而自己感到骄傲的。有一些元首将这段经历抹掉，但是习主席并没有将自身的农民经历抹去，反而凸显了他的这段经历，对我们来说真是印象深刻。

【解说词】中国领导人的平民情怀打动人心。不少当地媒体把习近平誉为务实的中国梦的缔造者，详细介绍他为缩小中国贫富差距作出的不懈努力。

【字幕】2013年6月3日 哥斯达黎加埃雷迪亚省 走访圣多明哥小镇农户

【同期】习近平：我们要有很多的时间，到中国的农村、工厂，去和普通的群众见面，去了解他们的喜怒哀乐、冷暖安危。但是我们现在还有很多的贫困人口。所以我们下一步还要集中力量，把中国的贫困人口的问题解决一下。这可能是以后我很重要的一个任务。

【同期】咖啡种植园农场主之子 阿尔贝托·萨莫拉：我认为这才是人民所期待的政府。有时候人们能从新闻中看到国家领导人真正关心的是什么，习主席不是一位只待在办公室办公的主席，而是经常走访工厂、学校、农村的主席，我们能看到他真正关心的是什么，能看到他为了减贫所做出的工作。

【同期】习近平：我们俩吃一块就行。

【解说词】这个细微的举动让人感觉到，习近平夫妇就像一对普通的邻家夫妻。聊天的时候，萨莫拉年仅五岁的小外孙女玛丽亚娜始终依偎着彭丽媛。告别时，彭丽媛送给小外孙女一只熊猫玩具。

【同期】咖啡种植园农场主外孙女 玛丽亚娜·萨莫拉·罗哈斯：她对我非常温柔。因此我觉得她像我的妈妈。

【解说词】玛丽亚娜告诉我们，这是她最珍爱的玩具。4年来，她每天晚上要用自己小时候的被子细心地给小熊猫盖好，陪它入睡。

【同期】咖啡种植园农场主外孙女 玛丽亚娜·萨莫拉·罗哈斯：我很喜欢它。因为有时候我睡不着，只要一抓住它，我就能睡着了。

【解说词】当地有影响力的《民族报》以《第一夫人用熊猫点亮孩子的笑脸》为标题报道了彭丽媛和小女孩的故事。彭丽媛的柔性外交在润物细无声中，彰显了中国的软实力。2015年9月，随同习近平主席出访美国期间，作为世界卫生组织防治艾滋病亲善大使，彭丽媛在联合国的讲台上讲述了她和艾滋孤儿高俊的故事。无论国内国外，彭丽媛心中总挂念着千千万万的孩子。在刚果，彭丽媛抱起一名瘦小的艾滋孤儿，搂在怀里，细心地托住孩子后背。带着母亲般的慈爱和柔情，化身亲善的使者，彭丽媛把温暖与力量带给世界各地的孩子们，也让中国优雅温情、博爱包容的大国形象深入人心。

【解说词】出访结束的时候，习近平通常会主动和机场地勤人员一一握手表示感谢，并和大家合影留念。

【字幕】2014年7月18日 巴西空军基地 向机场工作人员表达感谢

【同期】习近平：专机停到这儿得到这么好的保障，谢谢。

【解说词】习近平这一句真诚的感谢深深地感动了巴西空军基地的官兵。

【同期】巴西空军基地空军军官：主席先生，我们基地的所有官兵将您评选为到过巴西空军基地的最和蔼可亲的国家元首。

【同期】外交部翻译 孙宁：正式送别的官员告别之后，一定会抽出时间专门转身，对着所有他贴身的（对方）警卫去对他们表示感谢。这个是常态，每一次访问都会有这样的场景。实际上对于身边的这些中方的工作人员，习主席也是特别地照顾，比如说我们做翻译，坐在身后的是没有办法吃饭。无论是习主席，或者是彭教授，有的时候直接就会把他们桌上的面包，或者是甜点直接就拿盘子就给我们，包括把他们桌前的水，或者是咖啡，直接就递给我们，说你们先垫一垫。

【解说词】习近平的亲民范儿和平民情怀已经成为全球媒体的热议话题。他和英超曼城俱乐部球星阿奎罗的自拍照引来了不少网友点赞。在不少人看来，习近平就像一位隔壁的长辈、串门的邻居，平易近人，质朴可亲。透过他的一举一动，人们更加了解中国，亲近中国，喜欢中国。

【解说词】2014年2月春节期间，当中国人阖家团圆庆祝节日的时候，习近平专程前往俄罗斯索契出席冬奥会开幕式，开创了"点穴式"外交。访问期间，他接受了俄罗斯媒体采访。

【字幕】2014年2月7日 俄罗斯索契 接受俄罗斯电视台专访

【同期】习近平：我对于足球、篮球、排球、网球都很喜欢。作为国家领导人，我们已经以身许国。工作肯定是一种超负荷的状态，但是也要注意一张一弛，劳逸结合。比如我本人现在还是抽出时间来游泳，一天一千米。我和普京总统包括和美国奥巴马总统都说起来共同的体会，磨刀不误砍柴工，不花一点时间来进行体育运动，我们到时候会崩溃。他们也都是很会心地一笑。

【解说词】访问期间，作为国家主席，习近平亲自担当起中国申办冬奥会的"形象大使"，向国际奥委会主席巴赫介绍中国申办2022年冬奥会的初衷。

【字幕】2014年2月7日 俄罗斯索契 看望索契冬奥会中国体育代表团

【同期】习近平：我想可以引起他重视的、可以打动他的是我的一个观点。我说叫做这个冰雪运动不出山海关，关外也就是一亿人，如果能够把这个项目在关内推广，比如说在北京、张家口举办，恐怕就会带动起两三亿人。

【解说词】2014年8月15日，习近平专程前往南京，出席即将举行的夏季青年奥林匹克运动会开幕式。下飞机后他没有休息，直奔训练场馆看望小运动员。

【同期】习近平：你多高啊？

【同期】焦海龙：我叫焦海龙，来自山东，两米零六。

【同期】习近平：我年轻的时候练过拳击。刚才看他那个勾拳还是比较好，咱们国家运动员用勾拳的不多，你看欧洲运动员的勾拳还是很有威胁。直拳、摆拳还可以。

【字幕】2014年8月15日 中国南京 看望青奥会中国小运动员

【同期】习近平：通过这个活动可以展示我们中国青少年的风采，看看中国孩子什么样，再就是通过这个活动让我们的青少年和世界的青少年有个交流机会。

【解说词】习近平希望每名运动员都是一个平民外交的参与者，与世界各国青年在这个竞技舞台上相互交流。

【同期】习近平：交一些好朋友，对你们来讲也是开阔眼界，了解世界之大。中国为什么会进步？中国就是海纳百川，我们是一个开放的心态，开放地去迎接世界，然后集其大成，这就是中国办各种活动应有之义。

【解说词】习近平在国际舞台上有"足球先生"之称。出访期间，不少人赠送习近平印有他名字的球衣作礼物。在美国，林肯中学的学生送他一件寓意是踢出开局一球的1号美式足球球衣。在阿根廷，习近平收到了象征球队核心的国家队和博卡青年队两件10号球衣。

【字幕】2014年7月19日 阿根廷布宜诺斯艾利斯 同时任布宜诺斯艾利斯市市长马克里会晤

【同期】习近平：我是一名足球爱好者，但是我现在对中国的足球有种紧迫感。它也不是可以一蹴而就的事情，关键是要找出一个符合中国国情的足球发展的路径，培养好下一代，从娃娃抓起。

【解说词】在习近平的推动下，越来越多的中国青少年开始在海外接受足球培训。出访期间，他经常在百忙中抽出时间看望在国外踢球的孩子们。在德国，来自陕西省志丹县少年足球队的金巧巧不仅向习主席赠送了自己球队的队旗，还好奇地问习主席最看好中国的哪支球队。

【字幕】2014年3月29日 德国柏林 看望在德国训练的中国少年足球运动员

【同期】习近平：哪里的球队？

【同期】原陕西省志丹县少年足球队运动员 金巧巧：中国的。

【同期】习近平：哎呀，这个我就不好说了。我看好你们。我看好你们这一代。将来能够成为出色的足球运动员。最好在你们里边出现球星，出现国际球星，这是我的愿望。寄希望于你们。

【同期】原陕西省志丹县少年足球队运动员 金巧巧：见他的时候我就是特别不敢相信，我感觉他应该高高在上，应该特别严肃特别严厉。但是见到他之后跟他交流完，我就感觉（他）是那种特别慈祥和蔼的人，就像家里边爸爸那样的人，对你特别亲那种感觉。

【解说词】足球不仅是习近平的个人爱好，也蕴含着振兴国家的精神力量。2017年6月，习近平在北京接见国际足联主席因凡蒂诺，阐述了自己对足球文化的理解：足球运动的真谛不仅在于竞技，更在于增强人民体质，培养人们爱国主义、集体主义、顽强拼搏的精神。他希望积极向上的足球文化成为中国人民实现中国梦的正能量。

【解说词】2017年1月，习近平在瑞士洛桑会见国际奥委会主席巴赫，再次阐明办好冬奥会对中国具有重大而特殊的意义。

【字幕】2017年1月18日 瑞士洛桑 奥林匹克博物馆 同奥委会主席巴赫会晤

【同期】习近平：我们的全民健身计划就是国民幸福计划，我们还希望中国人活得更长一些，并且健康地活着。所以我们现在有一个全民健康计划，这和我们的合作都是密切相关的。而这就和我们2020的全面小康目标是吻合的。

【同期】国际奥委会主席 托马斯·巴赫：我们国际奥委会非常欣赏习主席所倡议的把体育作为非常重要的一部分，融入到中国人的生活中去，尤其是体育融入教育中去。

【同期】阿根廷前众议长 胡里安·多明格斯：毫无疑问，习主席作为世界上最重要大国之一的领导人，对体育非常热情，推动体育，传播体育，重视体育，促进了国家之间的了解。

【解说词】国外许多媒体评价习近平的足球外交是一大创新。通过足球，人与人、国与国之间的友谊建立起来。

【解说词】一位卓越的领导者，不仅关注当下的发展，更加具有穿透未来的眼光。习近平在很多国际场合深入浅出地阐释中国传统文化中蕴含的协和万邦的理念。

【字幕】2014年3月28日 德国柏林 科尔伯基金会演讲

【同期】习近平：中国需要和平就像人需要空气一样，就像万物生长需要阳光一样，睦邻友邦，天下大同，这样的理念世代相传。

【字幕】2015年9月22日 美国华盛顿州西雅图市 华盛顿州政府和美国友好团体联合欢迎宴会

【同期】习近平：中美友好，根基在民众，希望在青年。

【解说词】青年是国家的未来、世界的希望。2015年9月，访美期间，习近平在繁忙的外事活动中访问了位于塔科马市的一所平民学校——林肯中学。

【同期】林肯中学女学生：我喜欢去体验一些中国传统和现代的地方，包括上海。

【字幕】2015年9月23日 美国华盛顿州塔科马市 参观林肯中学

【同期】习近平：要看千年的中国去西安，看五百年的中国去北京，看一百年的中国去上海。但是每一个城市，哪怕千年的、百年的、几十年的，都有现代的一面，你们会在中国看到一个绚丽多彩的社会图景。

【同期】林肯中学男学生：我想去了解中国的文化、民众和城市。我也非常想去。

【同期】习近平：中国人非常好客，像对待你一样对待所有外来的很多好朋友。

【解说词】为了让这所学校的孩子们更多地了解中国，习近平不仅赠送给林肯中学《唐诗》《宋词》等满满3个书架的书籍，还有寓意深远的乒乓球器材。

【字幕】2015年9月23日 美国华盛顿州塔科马市 参观林肯中学

【同期】习近平：这个乒乓球虽然小，比橄榄球要小得多了，但是它对中美关系的意义是重大的，当时叫做小球带动大球转。这个大球指的是地球，因为当时的中美关系从此进入了一个新的阶段，重新交往的大门由小球给撞开了，所以我也希望我们两国的青少年通过传承这样一种乒乓外交的精神加强交流，增进友谊。欢迎大家去中国走一走看一看，体验和感知中国。在此，我愿邀请林肯中学100名学生明年到中国去做客。

【解说词】一年以后，林肯中学的118位师生应邀访问了福州、成都等地。这些学生中有25人因家庭收入低，生平第一次坐飞机。面对学生渴望在北京见到习主席的愿望，正在出国访问的习近平，特地给孩子们写了一封信。信中写道："希望你们把在中国的见闻和感受告诉身边的人，让更多美国民众认识和了解中国。"

【解说词】在习近平的倡议下，中埃、中拉文化交流年等诸多文化年活动相继举行，开启不同文明之间的交流对话。2016年11月，在秘鲁利马APEC会议期间，习近平出席了中拉文化交流年闭幕式并参观"天涯若比邻——华夏瑰宝展"。

【字幕】2016年11月21日 秘鲁利马 参观"天涯若比邻—华夏瑰宝展"

【同期】习近平：号称是世界的第八大奇迹。直到现在它的主陵墓，还没有挖掘，还保留在那个状态。我的祖先还比较魁梧吧。

【同期】秘鲁国家考古人类学历史博物馆馆长 伊万·盖齐·索利斯：习主席亲自与（秘鲁）总统一行参观了华夏瑰宝展，展示了他深厚的文化底蕴，对于我们这些从事博物馆工作的人来说印象深刻。

【字幕】2015年9月22日 美国华盛顿州西雅图市 华盛顿州政府和美国友好团体联合欢迎宴会

【同期】习近平：海明威的《老人与海》对狂风暴雨、巨浪小船、老人鲨鱼的描写给我留下了深刻的印象，我第一次去古巴就专程到海明威当年写《老人与海》的栈桥边去体会。

【解说词】出访时，习近平在不同场合讲述自己读书的故事，不仅让人们感受到他深厚的文化底蕴，也拉近了和当地民众的距离。美国出版的《习近平时代》一书这样评价：他总会以典雅蕴藉又高度概括的经典名句来传达思想。

【字幕】2013年6月5日 墨西哥墨西哥城 参议院演讲

【同期】习近平：贵国诗人阿方索·雷耶斯也曾说过，唯有益天下，方可惠本国。

【解说词】在瑞士，习近平向世界卫生组织赠送针灸铜人雕像，展示博大的中医药文化。

【同期】法国前总理 让—皮埃尔·拉法兰：我认为习主席是全球承认的世界性的领导人，中国的稳定让他能够多次出访各国，会见各国领导人，因此他是寻求和平的多边主义大使。

【字幕】2016年9月4日 中国杭州 同二十国集团领导人泛舟西湖

【同期】习近平：这个老城已经有一千多年的历史了。一千多年前，这里也是一个国都。这是中国的爱情之都。中国版的罗密欧与朱丽叶就诞生在这里，梁山伯与祝英台。

【解说词】G20峰会期间，习近平把杭州变成"会客厅"，亲自向外国政要推介中华文化。尚和合、求大同的中华文明，以更自信的面貌屹立东方。

【字幕】2013年3月30日 刚果布拉柴维尔 恩古瓦比大学中国馆揭牌仪式

【同期】习近平：国之交在于民相亲。人民直接交往是加深国与国友谊最有效的方式。加强文明对话和文化交流，不仅各美其美，而且美人之美，美美与共。

【解说词】5年来，习近平的出访足迹跨越万里，覆盖全球。不忘初心的使命担当，重信守诺的风范品格，协和万邦的价值信念，以民为本的仁爱情怀，兼济天下的开放胸襟，自信包容的文化气度，天下大同的理想追求——这是元首外交的魅力，更塑造着中国特色大国外交的风格与气质。

中国特色大国外交，致力于构建以合作共赢为核心的新型国际关系。如今，我们的"朋友圈"覆盖全球。

中国特色大国外交，奏响北京APEC、杭州G20、"一带一路"国际合作高峰论坛"三部曲"，谱写促进全球治理新乐章。

中国特色大国外交，为国家利益护航，为民族福祉奔忙，为和平正义担当，赢得国际社会广泛尊重。

中国特色大国外交，以"一带一路"统领对外开放。两条纵贯东西、跨越南北的弧线，联通中国与世界，更搭起通向未来的桥梁。

登高望远天地阔，纵横捭阖自从容。立时代之潮头、发思想之先声。一系列外交新理念新思想新战略，为变革的世界提供中国智慧，成为激荡寰宇的时代强音；一系列外交新实践新创举，让各国同声相应、同道相成，汇聚起和平发展的磅礴力量。

在以习近平同志为核心的党中央的坚强领导下，中国正前所未有地走近世界舞台中心，中国梦与世界梦从未如此相融相通。迈向复兴的中国将与世界携手前行，为推进和平与发展事业、构建人类命运共同体作出新的更大贡献！

"观看"了《大国外交》，我们全方位地感受到了习近平同志的外交风范，从跨文化交际学的角度看，这种"外交风范"是最高等级的跨文化交际能力，而"跨文化交际能力"正是我们以下要探讨的主题。

第一节　跨文化交际能力概述

关于跨文化交际能力的构成有许多研究成果。Spitzberg 与 Cupach（1984）提出了跨文化交际能力三要素理论，三要素分别指动机、知识和技能。动机指与别人交际的愿望；知识指对交际的意识与理解，包含国家层面的各种文化变量以及个体认同；技能指从事交际行为应具备的一些能力，包括留意能力、模糊容忍能力、自我平静能力、移情能力、自我行为调节能力、准确预测与解释对方行为能力。

Byram（1997）构建了一个跨文化交际能力模式。该模式由知识、技能、态度和性情、行为取向构成，语言能力、社会语言能力及语篇能力与这些构成因素结合才能形成跨文化交际能力，且它们之间是互动的关系。

Kim（2001）运用社会心理学、应用语言学和社会学的研究方法，把影响跨文化交际能力的各种因素总结成一个由认知因素、情感因素和行为因素组成的新模式。认知因素主要包括头脑的开放性、对事物复杂性和多样性的认识以及视野和角度变通能力；情感因素主要包括移情能力、对不确定性的容忍度以及能够克服偏见与民族中心主义等；行为因素包括处理交际问题的能力、建立和维持相互关系的能力以及完成交际任务的能力。

陈国明（2006）提出了一个跨文化交际能力的模式，包含三个相互依存的层面：认知层面，指跨文化理解；情感层面，指文化敏觉力；行为层面，指跨文化效力。

Lustig和Koester（2007）认为跨文化能力由3个方面组成：语境、得体性与有效性以及知识、动机与行为。

贾玉新（1997）认为跨文化交际能力包括基本交际能力系统、情感和关系能力系统、情节能力系统与交际方略系统。基本交际能力系统包括交际个体为达到有效交际所应具备的言语和非言语行为能力、文化能力、相互交往能力以及认知能力；情感和关系能力系统包括移情能力和交际者在交际中使用正确的交际策略能力；情节能力系统包括遵循意义和行为之逻辑的一般情节能力以及超越和改变自己习惯遵循的规则的超级能力；交际方略系统包括在交际过程中因语言或语用能力有缺陷而达不到交际目的或造成交际失误时所采用的一系列补救方略。

张卫东、杨莉（2012）通过实证研究，把跨文化交际能力分为3个维度：文化意识、文化知识和交际实践，共包含13个因素。第一，文化意识是一种心理素质和情感素质的结合体，是进行跨文化交际的思想准备。在这个维度上，要认识到文化无优劣好坏之分，只有形式与内容之别，在情感上要认同这些差异；要以开放的心态理解和对待异文化，愿意寻求和抓住机会平等地与异文化成员交流并发展和保持良好关系；要尊重对方的文化身份，能设身处地地为对方考虑，按当地的习俗、礼仪互动，即移情。第二，文化知识是跨文化交际的必要内容，是交际双方在国家层面上对社会文化体系的总体认知能力。在该维度上，要理解和掌握中国文化知识和对方国家的文化知识；要了解本国与对方国家文化的主要差别以及本国与对方国家的当前关系；能客观公正地描述、质疑本文化和异文化，具备文化洞察力。第三，交际实践是跨文化交际的行为外显，是交际的实际工具和手段。具体在语言运用能力上，既能运用外语交流，又能正确使用符合特定文化规约的社交语言；在非语言交际能力上，能基于对方的文化特点恰当运用手势、身势、面部表情、触摸、时空观念等因素增加交际效果；能适当运用交际策略，包括使用近义词、举例等转述策略和语码转换、语言迁移等补偿策略；能适当运用交际技能，包括解释技能、协调技能、发现技能、互动技能。

在全球化的时代里，每一个中国人的对外跨文化交际都代表着中国，在面对外国人时，每一个中国人都是外交官，都是构建国家形象的大使。通过《大国外交》，我们可以看到在这方面，习近平同志为我们做出了好榜样。

首先，习近平同志有超强的跨文化意识，作为世界第二大经济体的国家主席，他能做到寻求和抓住机会平等地与异文化成员交流并发展和保持良好关系，能设身处地地为对方考虑。比如，为在华参加抗日战争的俄罗斯老战士颁发纪念奖章时，他对老战士说："我过去，您别站起来了。"当他看到90岁高龄的老兵谢尔盖耶夫腿脚不便，马上快步走向前去为他颁奖。此外，礼物是外交礼仪的一部分，更是情感的传递。习近平同志赠送给外国领导人的国礼都让人感受到他的细致和体贴。而在生日期间送出的礼物和祝福，更能拉近心与心之间的距离。2013年，博鳌亚洲论坛年会开幕式当天，参加会议的芬兰总统尼尼斯托的夫人收到一个惊喜——习近平同志和夫人彭丽媛送出的生日蛋糕。芬兰总统说这使他"终身难忘。这是主席夫妇给予的一份非常美好的礼遇"。2013年，习近平同志在哥斯达黎加走访圣多明哥小镇农户时说："来这里就有这么一个期望，看一看我们人民的生活。我也是来自于基层，我做了7年的农民。然后做村长，做县长，做市长，做省长。可以说我和普通群众都有着很天然的感情。"当地农场主感动地说："他的话让我们非常骄傲，之前我因为农民的身份而感到羞愧，但是当他这么说的时候，我想我选择成为农民并没有错。"正因为习近平同志在工作中都能这样做到移情，站在对方的角度看问题，想对方之所想，站在人民的角度看问题，想人民之所想，当地人才会说："我认为这才是人民所期待的政府。有时候人们能从新闻中看到国家领导人真正关心的是什么，习主席不是一位只待在办公室办公的主席，而是经常走访工厂、学校、农村的主席，我们能看到他真正关心的是什么，能看到他为了减贫所做出的工作。"

其次，习近平同志掌握了丰富的中国文化和外国文化知识，我们知道，如果想进行成功的跨文化交际，首先要了解本国文化，其次是了解异国文化，最后是两者的互相了解和融合。如解说词所说："增进相互了解，语言文学是一把好的钥匙。"访英期间，习近平同志在参加伦敦金融城市长晚宴时说："汤显祖与莎士比亚是同一个时代的人。中英两国可以共同纪念这两位文学巨匠，以此推动两国人民交流、加强相互的理解。"他还专门出席了全英孔子学院和孔子课堂年会开幕式，英国大学生康可在开幕式上朗诵了一首习近平同志1990年

7月15日为纪念焦裕禄填的词。从康可的感言中可以看出，一首诗词可以让一个英国学生既感受到中国传统文化和社会主义核心价值观中的爱国、敬业等精神，也感受到中国共产党为人民服务的优良传统，更让他理解了习近平同志想把焦裕禄精神带到现代，用焦裕禄的精神，让老百姓过上好日子、实现中国梦的情怀。在习近平同志首次出访俄罗斯与汉学家座谈中，他顺口说出了十几位著名俄罗斯作家的名字，并回忆说，影响他很深的是车尔尼雪夫斯基的作品。他说："我记得受影响很深的还是车尔尼雪夫斯基的《怎么办》。因为那会儿我在农村插队，看到里面那个革命家苦行僧式的生活，睡钉板，我们在这里也要学这一套。下雨天都得出去淋雨，冬天到雪地里去摸爬滚打。"习近平同志在不同场合讲述自己读书的故事，不仅让人们感受到他深厚的文化底蕴，也拉近了和当地民众的距离。在访美期间，习近平同志为了让林肯中学的孩子们更多地了解中国和中国文化，赠送给他们《唐诗》《宋词》等满满三个书架的书籍，还有寓意深远的乒乓球器材。习近平同志说："这个乒乓球虽然小，比橄榄球要小得多了，但是它对中美关系的意义是重大的，当时叫做小球带动大球转。这个大球指的是地球，因为当时的中美关系从此进入了一个新的阶段，重新交往的大门由小球给撞开了，所以我也希望我们两国的青少年通过传承这样一种乒乓外交的精神加强交流，增进友谊。欢迎大家去中国走一走看一看，体验和感知中国。在此，我愿邀请林肯中学100名学生明年到中国去做客。"习近平同志提到乒乓球和橄榄球，以及小球带动大球，这番话充分建立在对美国文化的了解和对中美关系历史的了解上，即使美国学生不熟悉乒乓球，但提到他们最喜欢的橄榄球，会使他们更加容易理解习近平同志的话。总之，习近平同志的外交魅力既体现了中国语言和文化的特点，又展现了大国领导人跨文化交际的风范，正如美国出版的《习近平时代》一书的评价所言："他总会以典雅蕴藉又高度概括的经典名句来传达思想。"

　　第三，习近平同志除了有超强的语言交际能力之外，还有非凡的非语言交际能力。2014年8月，津巴布韦总统穆加贝访华，习近平同志搀扶着90多岁高龄的穆加贝走下观礼台，开始阅兵。习近平同志有意地放慢脚步等穆加贝，这体现了习主席对穆加贝总统的尊重，对长者的尊重。在小范围会谈期间，年事已高的穆加贝始终闭着眼睛，回忆他和中国历届领导人的交往。原定半个小时的会谈延长到了1个多小时。习近平同志视线一刻、一分钟都没有离开穆加贝总统。很专注地倾听一个老人，一个老朋友，一个非洲元首级的领袖，诉说他的故事、他的期盼。由于穆加贝总统上了年纪了，在晚宴时，他吃饭比较慢，习近平同志和大家都耐心地等他。一年以后，习近平同志应穆加贝的邀请访问津巴布韦。穆加贝亲自携夫人和政府官员到机场迎接。对于在机场习近平同志和穆加贝总统手拉手的亲切画面，时任外交部非洲司司长林松添的评论十分到位："手拉手拉着。我觉得这种信号是清晰的，而且是应该能打动人心的，这个就是真、实、亲、诚。"访问圆满结束后，穆加贝又一次和习近平同志手拉手，亲自到机场为他送行。几天后，习近平同志在中非合作论坛约翰内斯堡峰会上，宣布了互利共赢的中非"十大合作计划"。正如解说词所说："习近平以心相交、高效务实的外交风格为中国赢得了整个非洲，也交到了更多朋友。"

　　新华社长篇通讯《习近平：新时代的领路人》对习近平同志和夫人彭丽媛在国际舞台上的大国风范作了总结：

　　《华尔街日报》文章称，在全球舞台上，习近平主席将中国打造成不同于西方的一个选择，拥有独特的政治体系和文化，是一个在贸易、平等和气候变化等方面领先的国家。不少专家学者认为，习近平的智慧和方案有助于破解"文明冲突论""修昔底德陷阱"和"金德尔伯格陷阱"。

　　在国际人士眼中，习近平是经济全球化的坚定推动者。他是首位出席达沃斯论坛的中国元首，讲话让人印象深刻："搞保护主义如同把自己关进黑屋子，看似躲过了风吹雨打，但也隔绝了阳光和空气。打贸易战的结果只能是两败俱伤。"德国《商报》评论称，中国国家主席发表了拥护公正的全球化的主旨演讲，当今世界最大的共产党的领导人在达沃斯的经济精英年会上成为维护自由贸易最强有力的先锋。

　　习近平的文学艺术积淀使他在国际舞台上颇具沟通力：他接受记者采访时能一口气说出10多位俄罗斯作家的名字和大量俄罗斯名著；在访问欧洲时，他提及多位法国和德国文化名人，拉近了与当地民众的距离，以充满文艺色彩的表达阐释他对世界和人生的看法。他经常用生动语言讲述中国道路：中国是"和平的、可亲的、文明的狮子"，是"大块头"不是"墨菲斯托"，"欢迎大家搭乘中国发展的列车"。

　　习近平夫人彭丽媛的随访成为中国元首外交的一道亮丽风景。2015年秋，彭丽媛走上联合国讲台，用流利的英文做了两场演讲：一场讲述她的"中国梦"——"我希望所有的孩子，特别是女孩，都能接受良好的教育，这就是我的中国梦"；一场讲述她与艾滋孤儿的故事。

习近平和夫人彭丽媛的活动细节展现出中国家庭的质朴温情。每当专机舱门打开，他们总是手挽手走下舷梯，服装搭配、举手投足间总有默契。2013年6月，他们在哥斯达黎加走访一户农家。面对主人端来的点心，习近平很自然地拿起一块，表示"我们俩吃一块就行"，说着把点心递到彭丽媛面前，让她掰去一半。

第二节　文化自觉和文化自信

从上一节可以看到，跨文化交际能力的主要内容是：要认识到文化无优劣好坏之分，只有形式与内容之别，要尊重对方的文化身份，能够做到移情，要理解和掌握中国文化知识和对方国家的文化知识，能客观公正地描述、质疑本文化和异文化，具备文化洞察力。这些内容概括成四个字，就是"文化自觉"。

费孝通先生（2003）的"各美其美，美人之美，美美与共，天下大同"就是对"文化自觉"历程的概括。"各美其美"就是不同文化中的不同人群对自己传统文化的欣赏，要尊重文化多样性，首先要尊重、了解和欣赏自己民族的文化。"美人之美"就是要求合作共存时必须具备的对不同文化的相互态度，要尊重其他民族文化，要承认世界文化的多样性、包容和欣赏不同民族的文化，要尊重差异，理解个性。"美美与共"就是在"天下大同"的世界里不同人群在人文价值上取得共识，以促使不同的人文类型和平共处和发展。"文化自觉"就是各种文明教化的人，不仅欣赏本民族的文化，还要发自内心地欣赏异民族的文化，做到不以本民族文化的标准，去评判异民族文化的优劣，让不同文化在对话、沟通中取长补短，达到和而不同的世界文化一体。所谓"和而不同"，是"异"中之"和"，无"异"就无"和"。"和"讲的就是"多样性的统一"。"和"的精神是以承认事物的差异性、多样性为前提的；而"同"则不然，它旨在排斥异己，消灭差别，整齐划一。"同"的这种单一性、纯粹性的倾向，最终必然导致事物的发展停滞直至灭亡；而"和"对多样性的坚守，不同事物或对立因素之间的并存与交融，相成相济，互动互补，是万物生生不已的不二法门。"和而不同"的理念，既含反抗文化强权或霸权的压迫与同化之意，又昭示了兼容并蓄、海纳百川的包容精神与博大胸怀。孔子明确提出"和而不同"的命题，并把和同与否作为区分君子与小人的一个标准："君子和而不同，小人同而不和。"

从《大国外交》中看到，习近平同志在刚果恩古瓦比大学中国馆揭牌仪式上说："国之交在于民相亲。人民直接交往是加深国与国友谊最有效的方式。加强文明对话和文化交流，不仅各美其美，而且美人之美，美美与共。"习近平同志在德国柏林科尔伯基金会演讲时说："中国需要和平就像人需要空气一样，就像万物生长需要阳光一样，睦邻友邦，天下大同，这样的理念世代相传。"习主席在看望青奥会中国小运动员时，希望每名运动员都是一个平民外交的参与者，与世界各国青年在这个竞技舞台上相互交流。他说："交一些好朋友，对你们来讲也是开阔眼界，了解世界之大。中国为什么会进步？中国就是海纳百川，我们是一个开放的心态，开放地去迎接世界，然后集其大成，这就是中国办各种活动应有之义。"这些话中诠释的"文化自觉"理念都为我们普通人的跨文化交际指出了方向。

《大国外交》的解说词中还说：朋友越走越亲，关系越聊越近。习近平的"友情外交"推进国际关系，积累友善民意，日益成为中国外交的一道靓丽风景，不断提升中国的软实力和全球影响力。英国《每日电讯》将习近平在外交上的多种创新评价为"习式外交"。这不再是以往正襟危坐下的严肃交谈，休闲式的活动显得灵活主动，刚柔并济，有时候甚至出其不意，让人们从中感受到了习近平的"自信"、"睿智"和"真情"。从以上可以看到，习主席在大国外交中，还亲自为我们每一个中国人示范了什么是中国人的"文化自信"。

党的十八大以来，习近平曾在多个场合提到文化自信，传递出他的文化理念和文化观。在2014年2月24日的中央政治局第十三次集体学习中，习近平提出要"增强文化自信和价值观自信"。之后的两年间，习近平又对此有过多次论述："增强文化自觉和文化自信，是坚定道路自信、理论自信、制度自信的题中应有之义。""中国有坚定的道路自信、理论自信、制度自信，其本质是建立在五千多年文明传承基础上的文化自信。"2016年5月和6月，习近平又连续两次对"文化自信"加以强调，指出"我们要坚定中国特色社会主义道路自信、理论自信、制度自信，说到底是要坚持文化自信"；要引导党员特别是领导干部"坚定中国特色社会主义道路自信、理论自信、制度自信、文化自信"。在建党95周年庆祝大会的重要讲话中，习近平对文化自信特别加以阐释，指出"我们要坚持道路自信、理论自信、制度自信，最根本的还有一个文化自信。文化自信，是更基础、更广泛、更深厚的自信。" 文化自信于是成为继道路自信、理论自信和制度自信之后，中国特色社会主义的"第四个自信"。为何习近平如此重视文化的作用？对此他早已给出了答案。因为"文明特别是思想文化是一个国家、一个民族的灵魂。无论哪一个国家、哪一个民族，如果不珍惜自己的思想文化，丢掉了思想文化这个灵魂，这个国家、这个民族是立不起来的"；因为中国优秀传统文化，"可以为治国理政提供有益启示，也可以为道德建设提供有益启发"，"我国今天的国家治理体系，是在我国历史传承、文化传统、经济社会发展的基础上长期发展、渐进改进、内生性演化的结果"；更因为"只有坚持从历史走向未来，从延续民族文化血脉中开拓前进，我们才能做好今天的事业"，"没有文明的继承和发展，没有文化的弘扬和繁荣，就没有中国梦的实现"。中国传统思想文化"体现着中华民族世世代代在生产生活中形成和传承的世界观、人生观、价值观、审美观等，其中最核心的内容已经成为中华民族最基本的文化基因。这些最基本的文化基因，是中华民族和中国人民在修齐治平、尊时守位、知常达变、开物成务、建功立业过程中逐渐形成的有别于其他民族的独特标识"。我们的文化自信，不仅来自于文化的积淀、传承与创新、发展，更来自于当今中国特色社会主义的蓬勃生机，来自于实现中国梦的光明前景。正如习近平所说："站立在960万平方公里的广袤土地上，吸吮着中华民族漫长奋斗积累的文化养分，拥有13亿中国人民聚合的磅礴之力，我们走自己的路，具有无比广阔的舞台，具有无比深厚的历史底蕴，具有无比强大的前进定力。中国人民应该有这个信心，每一个中国人都应该有这个信心。" 如何践行文化自信，让中华文化走向世界。习近平指出，要"把跨越时空、超越国度、富有永恒魅力、具有当代价值的文化精神弘扬起来，把继承传统优秀文化又弘扬时代精神、立足本国又面向世界的当代中国文化创新成果传播出去"。他还指出："要以理服人，以文服人，以德服人，提高对外文化交流水平，完善人文交流机制，创新人文交流方式，综合运用大众传播、群体传播、人际传播等多种方式展示中华文化魅力。"

习近平同志的文化自信来源于他对中国这片土地及其文化和人民的深刻了解和深深的爱，他在第十三届全国人民代表大会第一次会议上的讲话中，不仅再次强调中国共产党全心全意为人民服务的初心，而且讴歌了中国文化和中国人民，进而指出，这正是我们文化自信的底气："一切国家机关工作人员，无论身居多高的职位，都必须牢记我们的共和国是中华人民共和国，始终要把人民放在心中最高的位置，始终全心全意为人民服务，始终为人民利益和幸福而努力工作。"

"人民是历史的创造者，人民是真正的英雄。波澜壮阔的中华民族发展史是中国人民书写的！博大精深的中华文明是中国人民创造的！历久弥新的中华民族精神是中国人民培育的！中华民族迎来了从站起来、富起来到强起来的伟大飞跃是中国人民奋斗出来的！"

"中国人民的特质、禀赋不仅铸就了绵延几千年发展至今的中华文明，而且深刻影响着当代中国发展进步，深刻影响着当代中国人的精神世界。中国人民在长期奋斗中培育、继承、发展起来的伟大民族精神，为中国发展和人类文明进步提供了强大精神动力。"

"——中国人民是具有伟大创造精神的人民。在几千年历史长河中，中国人民始终辛勤劳作、发明创造，我国产生了老子、孔子、庄子、孟子、墨子、孙子、韩非子等闻名于世的伟大思想巨匠，发明了造纸术、火药、印刷术、指南针等深刻影响人类文明进程的伟大科技成果，创作了诗经、楚辞、汉赋、唐诗、宋词、元曲、明清小说等伟大文艺作品，传承了格萨尔王、玛纳斯、江格尔等震撼人心的伟大史诗，建设了万里长城、都江堰、大运河、故宫、布达拉宫等气势恢弘的伟大工程。今天，中国人民的创造精神正在前所未有地迸发出来，推动我国日新月异向前发展，大踏步走在世界前列。我相信，只要13亿多中国人民始终发扬这种伟大创造精神，我们就一定能够创造出一个又一个人间奇迹！"

"——中国人民是具有伟大奋斗精神的人民。在几千年历史长河中，中国人民始终革故鼎新、自强不息，开发和建设了祖国辽阔秀丽的大好河山，开拓了波涛万顷的辽阔海疆，开垦了物产丰富的广袤粮田，治理了桀骜不驯的千百条大江大河，战胜了数不清的自然灾害，建设了星罗棋布的城镇乡村，发展了门类齐全的产业，形成了多姿多彩的生活。中国人民自古就明白，世界上没有坐享其成的好事，要幸福就要奋斗。今天，中国人民拥有的一切，凝聚着中国人的聪明才智，浸透着中国人的辛勤汗水，蕴涵着中国人的巨大牺牲。我相信，只要13亿多中国人民始终发扬这种伟大奋斗精神，我们就一定能够达到创造人民更加美好生活的宏伟目标！"

"——中国人民是具有伟大团结精神的人民。在几千年历史长河中，中国人民始终团结一心、同舟共济，建立了统一的多民族国家，发展了56个民族多元一体、交织交融的融洽民族关系，形成了守望相助的中华民族大家庭。特别是近代以后，在外来侵略寇急祸重的严峻形势下，我国各族人民手挽着手、肩并着肩，英勇奋斗，浴血奋战，打败了一切穷凶极恶的侵略者，捍卫了民族独立和自由，共同书写了中华民族保卫祖国、抵御外侮的壮丽史诗。今天，中国取得的令世人瞩目的发展成就，更是全国各族人民同心同德、同心同向努力的结果。中国人民从亲身经历中深刻认识到，团结就是力量，团结才能前进，一个四分五裂的国家不可能发展进步。我相信，只要13亿多中国人民始终发扬这种伟大团结精神，我们就一定能够形成勇往直前、无坚不摧的强大力量！"

"——中国人民是具有伟大梦想精神的人民。在几千年历史长河中，中国人民始终心怀梦想、不懈追求，我们不仅形成了小康生活的理念，而且秉持天下为公的情怀，盘古开天、女娲补天、伏羲画卦、神农尝草、夸父追日、精卫填海、愚公移山等我国古代神话深刻反映了中国人民勇于追求和实现梦想的执着精神。中国人民相信，山再高，往上攀，总能登顶；路再长，走下去，定能到达。近代以来，实现中华民族伟大复兴成为中华民族最伟大的梦想，中国人民百折不挠、坚忍不拔，以同敌人血战到底的气概、在自力更生的基础上光复旧物的决心、自立于世界民族之林的能力，为实现这个伟大梦想进行了

170多年的持续奋斗。今天，中国人民比历史上任何时期都更接近、更有信心和能力实现中华民族伟大复兴。我相信，只要13亿多中国人民始终发扬这种伟大梦想精神，我们就一定能够实现中华民族伟大复兴！"

"有这样伟大的人民，有这样伟大的民族，有这样的伟大民族精神，是我们的骄傲，是我们坚定中国特色社会主义道路自信、理论自信、制度自信、文化自信的底气，也是我们风雨无阻、高歌行进的根本力量！"

综上所述，"文化自觉是文化自信的前提和基础，文化自信是文化自觉之目标与担当"（刘五景：2017）。在跨文化交际中，每一个中国人都要担当起构建中国形象的重任，文化自觉和文化自信是必须遵循的原则，而两者的始发点，就是各美其美，就是展现新时期中国特色社会主义文化的社会主义核心价值观，只有当我们每一个人充分理解和践行社会主义核心价值观，对自己的文化有高度的自觉和自信，才能够正确分析和评判外国文化，进而在跨文化交际中获得成功。

参考文献

[1] 高永晨.跨文化语境中的文化自觉[J].苏州大学学报，2003（4）：68-71.

[2] 费孝通.我为什么主张"文化自觉"[J].冶金政工研究，2003（6）：34-35.

[3] Geertz, C.. The Interpretation of Culture [M]. New York: Basic Books, 1973.

[4] Winthrop, R. H.. Dictionary of Concepts in Cultural Anthropology [M]. New York: Greenwood Press, 1991.

[5] Hofstede, G.. Culture's Consequences [M]. New York: Sage Publications. Inc., 2001.

[6] Singer, M.K.. Intercultural Communication: A Perceptual Approach [M]. NJ: Prentice-Hall, 1987.

[7] Philipsen, G.. Speaking Culturally: Explorations in Social Communication [M]. Albany: State University of New York Press, 1992.

[8] Samovar, L., & Porter. Communication between Cultures [M]. Belmont: Wadsworth Publishing Company, 1998.

[9] 庄锡昌. 多维视野中的文化理论[M]. 杭州：浙江人民出版社，1987.

[10] Lustig, M.W. & Koester, J.. Intercultural Competence [M]. New York: Pearson Education, Inc., 2006.

[11] Verschueren, J.. Understanding Pragmatics [M] . London: Edward Arnold Publishers, Ltd., 1999.

[12] Klyukanov, I.. Principles of Intercultural Communication [M] . New York: Pearson Education, Inc., 2005.

[13] 德国优才计划.这个卑微的中国文盲，为何能彪炳世界史册，让美国人都崇拜不已，今天全世界都在寻找他？！[OL] .（2017-07-04）[2018-03-26] https：//mp.weixin.qq.com/s/t5L0COgnoENE2en5EP-Eqw.

[14] 杨朝明.弘扬原始儒学的真精神[OL]（2017-04-27）[2018-03-26] http://theory.people.com.cn/n/2014/0427/c40531-24946902.html.

[15] 张岱年、方克立.中国文化概论[M] .北京：北京师范大学出版社，1994.

[16] 金景芳.孔子的核心思想[J] .中国哲学史，1995（3）：37-38.

[17] 吴龙辉.《论语》是儒家集团的共同纲领[J] .湖南大学学报，2010（1）：81-89.

[18] 单纯.中国宪法的文化传统与特色[J] .东方论坛，2011（4）：19-27.

[19] 迟成勇.张岱年论先秦儒家的人学思想[J] .贵州大学学报，2008（5）：1-6.

[20] 何亚非，谢树放.儒家以仁义为本的荣辱观刍议[J] .南京航空航天大学学报，2008（2）：1-5.

[21] 方光华.论孔孟的仁义与天道[J] .湘潭大学学报，2005（9）：89-93.

[22] 张锡勤.中国古代诚信思想浅析[J].道德与文明，2004
（2）：19–21.

[23] 方铭.爱国：以中华传统文化为基础[J].群言，2015
（3）：24–26.

[24] 方铭.富强：以中华传统文化为基础[J].群言，2015
（1）：36–38.

[25] 方铭.公正：以中华传统文化为基础[J].群言，2015
（7）：53–55.

[26] 方铭.平等：以中华传统文化为基础[J].群言，2015
（6）：53–55.

[27] 方铭.自由：以中华传统文化为基础[J].群言，2015
（5）：44–46.

[28] 辛鸣.国家富强的中国逻辑[OL]．（2017–10–18）[2018–
03–26] http://cpc.people.com.cn/19th/n1/2017/1018/c414305–
29594069.html.

[29] 孟凯.论"民贵君轻"与"君舟民水"——先秦儒家
民本思想研究[J].北京工业大学学报（社会科学版），2013
（4）：41–46.

[30] 陈安然.先秦儒家的民本思想管窥[J].神州旬刊，2016
（1）：16.

[31] 曹雅欣.国学与社会主义核心价值观——民主
[OL]．（2014–08–15）[2018–03–26] http://www.qstheory.cn/
culture/2014–08/15/c_1112098917.htm.

[32] 高民政.论民主——社会主义核心价值观系列谈二
[OL]．（2015–10–13）[2018–03–26] http://theory.people.com.cn/

n/2015/1013/c83859-27693026.html.

[33] 新华社.宪法修改充分发扬民主、凝聚共识力量[OL].（2018-03-13）[2018-03-26] http://www.npc.gov.cn/npc/lfzt/rlyw/2018-03/13/content_2048364.htm.

[34] 汪双琴.《论语》"和谐"思想及其对构建社会主义和谐社会的意义[D].北京：首都师范大学，2006.

[35] 韩延明，孙永翠.孔子"孝悌"思想的内涵、渊源及其现实启导意义[J].临沂大学学报，2012（1）：44-48.

[36] 王之源.浅析《论语》、《孟子》、《孝经》中的孝道思想[D].北京：华北电力大学，2015.

[37] 人民日报.从家出发：习近平总书记的"家国情怀"[OL].（2016-12-14）[2018-03-26] http://www.xinhuanet.com/politics/2016-12/14/c_1120119204_2.htm.

[38] 段鹏飞.儒家和谐思想对构建社会主义和谐社会的启示[J].济南大学学报：社会科学版，2009（5）：11-13.

[39] 李长松，邹顺康.论儒家和谐思想对构建社会主义和谐社会的现代意义[J].重庆邮电学院学报：社会科学版，2005（4）：819-822.

[40] 央视网.习近平生态文明论奠基中国梦[OL].（2015-08-07）[2018-03-26] http://news.cntv.cn/2015/08/07/ARTI1438928669665185.shtml.

[41] 史为磊.论作为社会主义核心价值观的"自由"[J].中共福建省委党校学报，2013（4）：17-22.

[42] 胡滨，杨鹿鹿.试论中国传统自由观与社会主义核心价值观中自由思想的关系[J].金田，2015（7）：357-358.

[43] 徐能毅.如何认识社会主义核心价值观中的"自由"[OL].（2015-01-23）[2018-03-26] http://www.qstheory.cn/dukan/hqwg/2015-01/23/c_1114109597.htm.

[44] 王志敏.先秦儒家忠诚观今鉴[J].企业管理，2014（12）：23-26.

[45] 刘婷.孔子的集体主义思想及其现代启示[D].太原：太原理工大学，2010.

[46] 高瑞泉.论平等观念的儒家思想资源[J].社会科学，2009（4）：120-127.

[47] 辛鸣.学者剖析社会主义核心价值观"公正"内涵[OL].（2014-03-19）[2018-03-01] http://politics.people.com.cn/BIG5/n/2014/0319/c70731-24676232.html.

[48] 姚中秋.给法治以恰当位置——儒家之法治观[J].原道，2016（1）：47-58.

[49] 公丕祥.社会主义法治精神的具体表征[OL].（2015-04-01）[2018-03-26] http://theory.people.com.cn/n/2015/0401/c395162-26784230.html.

[50] 人民日报社论.为民族复兴提供有力宪法保障[OL].（2018-03-11）[2018-03-26] http://www.xinhuanet.com/politics/2018-03/11/c_1122521053.htm.

[51] 梁庚立、王科.爱国主义在社会主义核心价值观中的地位研究[J].法治与社会，2015（6）：219-221.

[52] 刘姝瑶.敬业精神的儒家伦理释义[D].沈阳：东北大学，2010.

[53] 王纳仕.儒家诚信思想在《论语》中体现[J].语文建设，

2015（7）：80-81.

[54] 牟岱，刘艳菊.以诚信意识践行核心价值观[OL].（2014-09-23）[2018-03-26] http://theory.people.com.cn/n/2014/0923/c40531-25719120.html.

[55] 张庆利.《论语》与中华民族精神[J].龙岩学院学报，2007（1）：1-4.

[56] 黄明理.友善之为社会主义核心价值观论析[J].广西大学学报，2015（9）：29-36.

[57] 张晖.关于社会主义核心价值观平等内涵的思考[J].思想理论教育导刊，2015（10）：51-55.

[58] 李婉伶.论先秦儒家思想的核心价值观及其现实意义[J].理论观察，2014（3）：47-48.

[59] 李丽丽.论社会主义核心价值观之敬业[J].中国特色社会主义研究，2015（5）：78-83.

[60] Samovar & Porter. Communication between Cultures（4thed.）[M]. Belmont: Wadsworth., 2001.

[61] 高娓娓.外国人评价中国留学生的七幅面孔[OL].（2013-06-04）[2018-03-26] http://edu.china.com.cn/cgym/2013-06/04/content_29019276.htm.

[62] 薛涌.中国人为什么学不会英语[OL].（2014-09-16）[2018-03-26] http://edu.sina.com.cn/zl/oversea/2014-09-16/10201599.shtml.

[63] 李慧斯.美国说话术：给插不上话的中国孩子[OL].（2014-09-11）[2018-03-26] http://edu.sina.com.cn/zl/oversea/2014-09-11/10241584.shtml.

[64] 魏钰桐.中国传统文化的集体主义思想与社会主义核心价值观[J].改革与开放,2015(9):96-98.

[65] 刘书林.践行社会主义核心价值观必须坚持集体主义原则[J].文化软实力,2017(1):44-52.

[66] 屠呦呦.青蒿素是传统中医给世界的一份礼物[OL].(2015-12-09)[2018-03-26] http://www.chinanews.com/jk/2015/12-09/7662883.shtml.

[67] 韩俊,李尚明.从"天人合一"与"天人相分"看人与自然[J].湖州职业技术学院学报,2006(6):32-34.

[68] 张志雄,殷焱.中西哲学比较中的有效区域——从"天人合一"和"天人相分"谈起[J].南通纺织职业技术学院学报,2007(3):51-53.

[69] 俞蕾,韩亚文.试论中西方思维方式差异在文化上的体现[J].淮海工学院学报,2005(6):85-88.

[70] 余谋昌.西医和中医:两种哲学和两种医学文化[J].郑州轻工业学院学报,2012(6):7-12.

[71] 刘炜,林文娟.中医、西医术语文化渊源比较[J].医学争鸣,2014(3):54-56.

[72] 李李.从中西传统绘画谈中西医思维方式之差异[J].安徽中医学院学报,2013(4):7-10.

[73] 杨雪.论中西方思维方式与绘画形式的演变[J].延边教育学院学报,2008(12):19-22.

[74] 陈彦峰.中西方绘画构图差异研究[J].大众文艺,2016(3):135.

[75] 黄祥集.中西方园林风格的探讨[J].浙江农业科学,2012

（2）：190–193.

[76] 卢笛.重直觉与重逻辑——中西思维方式差异与中西音乐比较[J].音乐创作，2010（11）：130–131.

[77] 吴得福.社会主义核心价值观的内涵再诠释——试以儒家"天人合一"思想为视角[J].经济与社会发展，2015（6）：67–70.

[78] 陈征.中西方不同的思维方式对绘画艺术的影响[J].艺术与设计，2011（3）：243–245.

[79] 明恩溥.中国人的气质[M].上海：上海三联书店，2007.

[80] Hall, E.T.& Hall, M.R.. Understanding Cultural Differences [M].Yarmouth: Intercultural Press, Inc., 1990.

[81] Gudykunst, W.B. & Ting–Toomey. Culture and Interpersonal Communication [M]. CA: Sage, 1988.

[82] 肖华芝.汉英语言折射出的中西方思维方式差异[J].温州大学学报，2010（3）：67–72.

[83] 张家瑞. 浅议中西方思维方式的差异对商务谈判的影响[J].江苏商论，2004（4）：50–51.

[84] 胡文仲.跨文化交际学概论[M].北京：外语教学与研究出版社，1999.

[85] 戴凡，Smith.文化碰撞[M].上海：上海外语教育出版社，2003.

[86] 张虹.社会文化语言学"指示原则"与国家形象构建——以习近平联大演讲为例[J].外语学刊，2017（3）：17–21.

[87] 许峰，朱雯.肯尼斯·伯克话语修辞观视角下的国家形象塑造——以习近平主席的外交演讲为例[J].理论月刊，2014

（8）：63-67.

[88] 范红，胡钰.大国重"形"——中国国家形象建设的六大维度[OL]．（2016-03-11[2018-03-26] http://www.rmlt.com.cn/2016/0311/419967.shtml.

[89] 杨欢，渠鸿儒.英媒眼中的习近平夫妇：气场征服海内外赋予中国新形象[OL]．（2015-10-23）[2018-03-26]

http://www.ce.cn/xwzx/gnsz/szyw/201510/23/t20151023_6792153.shtml.

[90] 国际在线.美媒：彭丽媛提升中国软实力 公共外交领域发挥作用[OL]．（2015-04-22）[2018-03-26]

http://news.cri.cn/gb/42071/2015/04/22/7211s4939559.htm.

[91] 许少民."彭丽媛旋风"：彭丽媛是中国的"新名片"[OL]．（2013-04-09）[2018-03-26] http://www.chinadaily.com.cn/hqgj/jryw/2013-04-09/content_8708028.html.

[92] 人民网.彭丽媛向世界展示中国民族风[OL]．（2013-03-30）[2018-03-26] http://cpc.people.com.cn/n/2013/0330/c64387-20973776.html.

[93] 张卫东，杨莉.跨文化交际能力体系的构建——基于外语教育视角和实证研究方法[J]．外语界，2012（2）：8-16.

[94] 新华社记者.习近平：新时代的领路人[OL]．（2017-11-17）[2018-03-26]

http://www.xinhuanet.com/politics/leaders/2017-11/17/c_1121968350.htm.

[95] 赵银平.文化自信——习近平提出的时代课题[OL]．（2016-08-05）[2018-03-26] http://www.xinhuanet.com/

politics/2016–08/05/c_1119330939.htm.

[96] 刘五景.文化自信呼唤文化自觉[J].人民论坛，2017（11）：224–225.

[97] 张志富，陈艳.儒家法文化的现代法治价值[J].武警学院学报，2006（5）：69–72.

[98] 薛小萍.先秦儒家道德价值思想及其现代启示研究[D].石家庄：河北师范大学，2009.

[99] 姚云云.先秦儒家德育思想及其现代意义研究[D].大连：大连理工大学，2004.